शब्द मेरे

रागिनी अग्रवाल

सन्मति

Title : Shabd Mere
ISBN: 9789390539222

प्रकाशक

सन्मति पब्लिशर्स एण्ड डिस्ट्रीब्यूटर्स
बी-347, संजय विहार,
मेरठ रोड, हापुड़-245101 (उ0प्र0)
website : www.sanmatiindia.com
email: sanmati555@gmail.com
मो. : 8439645104

प्रथम संस्करण : मार्च 2021

समर्पण

अपने आराध्य माता - पिता को समर्पित

मेरा

यह लघु प्रयास

एक

काव्य संग्रह के रूप में

मन की बात

यूँ तो काव्य लेखन की तरफ रुझान बचपन से ही रहा। यदा कदा दो चार पंक्तियाँ किसी भी विषय पर बना दिया करती थी। हिंदी की परीक्षा में निबंध लिखने को आया करता था। जिस विषय को मैं लिखने के लिए चुनती थी उस विषय पर परीक्षा देते समय ही कुछ काव्य पंक्तियाँ स्वयं की रचने का शौक था मुझे। और ऐसा मैने लगभग हर हिंदी परीक्षा में किया। अध्यापिकाओं ने उन पंक्तियों को सराहा भी। एक दो बार विद्यालय की मैगज़ीन के लिए भी मैंने कविताएं लिखी थीं और प्रकाशित भी हुई थीं। मगर कभी भी काव्य लेखन को मैंने संज़ीदगी से नहीं लिया। शुक्रगुज़ार हूँ लॉक डाउन अवधि की जिस दौरान मेरी कल्पना के पंख विकसित हुए। जब चहुँ ओर कोरोना ने हा हा कार मचा रखा था, और हमारे देश में लॉक डाउन घोषित हो चुका था, तो अनायास ही हृदय के तहख़ाने में छुपी वो बचपन की काव्यात्मा हृदय से निकलकर मानस पटल पर नर्तन करने लगी। विषय भी तरोताज़ा था, कोरोना यानि कि कोविड -19।

रात भर मानस पटल पर नर्तन करने के बाद जब सुबह वह लेखनी का सहारा पाकर डायरी के पन्नों पर उतरी ' तनिक विचारो मानव ' शीर्षक के अंतर्गत तो सबसे पहले मेरी प्रिय माँ की नज़रों का शिकार हुई। माँ ने उसे पढ़ा,सराहा और मेरे बड़े भाईश्री मनोज कुमार को भी पढ़वाया। जब मेरे भाई ने भी उस पर अपनी प्रशंसा की मोहर लगा दी तो मैंने साहस बटोरा उसे अपनी सर्वाधिक प्रिय गुरु श्रीमती शिवकान्ति तिवारी जी को पढ़वाने का जो सदा से ही मेरी प्रेरणा स्रोत रही हैं तथा हमेशा से ही मेरी त्रुटियों से मुझे अवगत कराती रही हैं। उनका भी आशीर्वाद मिलने के बाद मैंने face book पर पोस्ट की अपनी पहली कविता। face book पर अच्छी प्रतिक्रिया मिली। मेरे पतिश्री आशीष रंजन की भी जब fb पर अच्छी

प्रतिक्रिया आई जो बड़ी ही दुर्लभ थी क्यूँकि महाशय आसानी से प्रतिक्रिया नहीं देते तो मन अंदर ही अंदर मुदित हो रहा था। फिर मेरी अग्रजा डॉ. सीमा अग्रवाल जो स्नातकोत्तर महाविद्यालय मुरादाबाद में हिंदी प्रवक्ता के पद पर कार्यरत हैं और स्वयं एक बेहतरीन कवयित्री हैं, ने मुझे प्रोत्साहित किया और फेसबुक पर ही कतिपय काव्य मंचों से अवगत कराया। और मेरी कविता को उन मंचों पर प्रेषित करवाया। अच्छी प्रतिक्रिया मिली तो ह्रदय को मनोबल और प्रोत्साहन मिला। मेरे दोनों पुत्र कार्तिकेय और विनायक भी साहित्य में रूचि लेते हैं और वे दोनों इतने खुश हुए कि उनकी माँ भी कविता लिख सकती है। उन दोनों की ख़ुशी देखकर भी मुझे लिखते रहने की प्रेरणा मिली। मेरी सासू माँ जी भी मेरे काव्य लेखन से बहुत प्रफुल्लित हुई और इस तरह मेरी कविताओं का सिलसिला चल पड़ा जो आज एक छोटे से काव्य संग्रह के रूप में आप सभी के समक्ष उपस्थित है।

आभार व्यक्त करती हूँ अपने समस्त परिजनों और गुरुजनों का जिन्होंने मुझे लिखते रहने के लिए प्रेरित किया।

आभार व्यक्त करती हूँ मेरे इस काव्य संग्रह के प्रकाशक महोदय श्री निशांत जैन जी का जिनके सशक्त प्रकाशन के तहत मेरे विचार काव्य- गुच्छ के रूप में एकत्रित होकर मूर्त रूप से आपके समक्ष प्रस्तुत हो पाए हैं।

तहे दिल से आभारी हूँ डॉ. निहारिका अग्रवाल (पीएचडी, फाइन आर्ट्स) का जिन्होंने अपना अमूल्य समय देकर मेरी कविताओं से सम्बन्धित पेंसिल स्केचेस बनाये और किताब की खूबसूरती में चार चाँद लगा दिए।

काव्य की विधाओं का मुझे ज्ञान नहीं। बस दिल में फड़फड़ाते भावों को स्वच्छंद विचरण करने के लिए काव्य-आकाश में छोड़ दिया है मैंने। मेरे इन भाव पंछियों को निहारकर, कुछ दुलार देकर, अपनी अनमोल प्रतिक्रिया का दाना पानी देकर मुझे कृतार्थ कीजियेगा।

मेरी अल्पज्ञता को ध्यान में रखते हुए मेरी त्रुटियों से मुझे अवश्य अवगत कराईयेगा ताकि भविष्य में मैं उनमें सुधार ला सकूँ। आप सभी सुधि पाठकों की अनमोल प्रतिक्रिया की प्रतीक्षा में ----

- आपकी अपनी

- रागिनी

मनोगत भावों का अद्भुत संचयन

वर्तमान समय सभी के लिए बहुत मुश्किलों भरा भयावह दौर रहा है। हालातों से जूझते हुए आगत के प्रति आस्थावान रह सभी अपनी-अपनी रुचि व क्षमताओं के अनुरूप अपना प्रदाय समाज को देने के प्रयास में जुटे रहे।

इस दौरान बहुत संवेदनपूर्ण व संदेशप्रद साहित्य रचा गया। कोरोना काल का सभी ने बेहतर सदुपयोग किया। इस काल में बहन रागिनी अग्रवाल द्वारा रचित कविताओं का यह संकलन वास्तव में भाँति-भाँति के रंग-बिरंगे पुष्पों से गुंथा हुआ साहित्य को प्रदत्त एक नायाब गुलदस्ता है।

इस कोरोना काल में उनके भीतर बाल्यकाल से दबे सृजन के बीज पुनः अंकुरित, प्रस्फुटित हो उठे और अनायास अकस्मात् ही कलम स्वतः सृजन की ओर चल पड़ी। अपनी कल्पना शक्ति के बल पर उन्होंने अनेक नूतन मौलिक उद्भावनाएँ की हैं। प्रदत्त विषय पर झटपट कविता रच देने में वे सिद्धहस्त हैं।

रचनाओं में विषय-वैविध्य है। चित्राधारित रचनाएँ, हास्य रचनाएँ, सामयिक व कोरोना महामारी पर आधारित, रचनाएँ उनकी बौद्धिक उर्वराशक्ति की परिचायक हैं। समसामयिक, परिस्थिति जन्य व प्रेमपरक रचनाएँ भावपूर्ण व अर्थपूर्ण हैं। हिंदी की महत्ता को उजागर करती और अंग्रेजी भाषा की कमियों को तार्किक रूप से प्रस्तुत करती रचनाएँ अपने आप में बेजोड़ हैं।

भाषा पर आधारित कविताओं में हल्के-फुल्के हास्य और चुटकियों के साथ अंग्रेजी का खंडन और हिंदी का मंडन किया है, जो निश्चय ही काबिले तारीफ है।

यदि हम महज एक आलोचक की दृष्टि से कविताओं के शिल्प-विधान को काव्य सृजन की कसौटी मानकर रचनाओं का आकलन करें तो संभव है कि उनमें कहीं कुछ अपरिपक्वता नजर आए किंतु भावांकन की दृष्टि से उन्हें परखा जाए तो निश्चय ही वे उत्कृष्ट जान पड़ेंगी।

भाषा सहज, सुबोध और सुग्राह्य है,ऐसा लगता है कि कविता के माध्यम से मानो हमारे अपने ही दिल की बात कही जा रही हो। कविताएँ पढ़ने वाले के दिल की गहराइयों में सहज ही उतर जाती हैं।

जब आप एक बार इन्हें पढ़ना शुरू करेंगे तो मुझे पूरा विश्वास है कि सभी कविताओं का रसास्वादन लेकर ही दम लेंगे। उम्मीद है कि वह आगे भी हिंदी साहित्य को यूँ ही अपने साहित्य-सृजन से समृद्ध व लाभान्वित करती रहेंगी।

मैं बहन रागिनी के उज्ज्वल भविष्य की कामना करती हूँ।

- डॉ.सीमा अग्रवाल
एसोसिएट प्रोफेसर एवं प्रभारी
गोकुलदास हिंदू गर्ल्स कॉलेज, मुरादाबाद

अनुक्रमणिका

स्वप्न में माँ शारदा

लिखने जो बैठी मैं कविता शब्द सारे खो गए
कल्पना अलसा गयी और भाव सारे सो गए

कलम उठाई हाथ में तो नींद सी आने लगी
दिल से लगाकर डायरी स्वयं को सुलाने लगी

फिर देखते ही देखते एक स्वप्न में मैं खो गयी
और स्वप्न में ही काव्य के मैं बीज सारे बो गयी

स्वप्न था कुछ इस तरह माँ शारदे सम्मुख खड़ी
रच डाल प्रिये ! आज तू क्या कर रही पड़ी पड़ी

माँ शारदे को देखकर ये नयन मेरे छलक उठे
मन में विचार आ गए और भाव भी झलक उठे

सोचा कि लॉक डाउन है, हैं फ़ुरसतें ही फ़ुरसतें
माँ शारदे ! उपकार कर दे दे मुझे, तू वर दे दे

उठ जाये जो कलम मेरी थमने का फिर नाम न ले
जब भी मिले अब फुरसतें, कलम मेरी आराम न ले

माँ शारदे ने वर दिया और आँख मेरी खुल उठी
लेखनी फिर खुद ब खुद बस कागज़ों पे चल उठी...

शब्द मेरे

करें क्या उन मनोभावों का... जो शब्दों में न ढल पाएँ
चीर कर भला कैसे... हम अपने दिल को दिखलाएँ

शब्द ही करते साकार... मनोभावों और विचारों को
दिलाते पहचान शब्द ही... हम जैसे कलमकारों को

ये शब्द ही हैं जो मुझको... यहाँ तक खींचकर लाये
शब्दों ने मेरे मुझको... कुछ प्रशस्ति पत्र हैं दिलवाये

कभी पड़ जाते कम ये शब्द... तारीफ़ में ज़नाब की
कभी शब्दों के ज़रिये हम... उपमा दे दें माहताब की

कभी कड़वे कभी मीठे... कभी शब्द चटपटे लगते
कभी नीम से होते कड़वे... कभी चाशनी जैसे लगते

बनकर खंजर कभी ये शब्द... दिल को चीर जाते हैं
हृदय पर घाव करते हैं... और अँखियों को रुलाते हैं

बनकर मरहम कभी ये शब्द... आराम भी पहुँचाते हैं
मसीहा बन जुबां से शब्द... कभी जब बाहर आते हैं

खेल है सारा शब्दों का... जरा सोच समझकर बोलिये
रखने हो जब भी सामने... निज मन में इनको तोलिये...

तनिक विचारो, मानव

विज्ञान के पैने दाँत भी
ना कुतर पाए कोरोना-पाश
जिसमें जकड़ा जा चुका है विश्व सकल
और हो रहा हर शख्स विकल

ये है महज एक वायरस ?
या है प्रकृति प्रकोप ?
तनिक विचारो, मानव !

क्यों मनुष्य हुआ लाचार ?
क्यों विज्ञान हुआ है पंगु ?
चिकित्सा ने घुटने टिका दिए
क्यों याद आये हैं शम्भू ?

क्यों कैद हुआ खुद घर में ?
अनायास यूँ मनु-पुत्र
खग मृग विचर रहे जबकि
यत्र-तत्र-सर्वत्र।

प्रतिशोध लिया उन सबने
जिन्हें हमने कैद किया है।
अपने शौकों की खातिर
उनका सुख-चैन लिया है।

पिंजरे में कैद तोता
उड़ने को छटपटाय।
मन ही मन कोसती होगी
खूंटे से बँधी वो गाय।

मछलीघर में तड़पती होगी
मछली, देख ख्वाब सागर के।
डोरी से बंधा कुत्ता भी
सपने देख रहा डगर के।

स्वकर्मों का फल कदाचित
भोग रहा है मानव।
चारदीवारी में खुद को ही
कोस रहा है मानव।

तनिक विचारो, मानव !
क्यों दिन पर दिन हम घट रहे ?
पेड़ों को काटा था हमने
आज खुद लाशों में पट रहे।

धुंध-विष उगलती चिमनी
दम घोट रही हवा का।
धुआँ उगलते वाहन
छीने सुख-चैन हवा का।

प्रतिशोध लिया है हवा ने
जीने के पड़े हैं लाले।
यातायात के पाँव में बेड़ी,
कारखानों में पड़े हैं ताले।

किस कदर किया प्रदूषित
यमुना के निर्मल जल को।
प्लास्टिक का देकर तोहफ़ा
कुपित किया है गंगाजल को।

कोस रही हैं नदियाँ
मानो अति क्रोध के मारे।
घर में घुसा रह, मानव
मत आना निकट हमारे।

तनिक विचारो, मानव !
क्यों हुआ अद्भुत परिवर्तन ?
क्यों नेत्र शिवजी ने खोला ?
क्यों किया ये तांडव-नर्तन ?

आदम की संतान ! सम्हल जा !
प्रलय आगमन से पहले।
प्रायश्चित परीक्षित-सा कर ले
परलोक गमन से पहले।

लॉक डाउन, तेरा अभिनन्दन !

घर खाली कर डाले थे एकाकी जीवन प्यारा था।
लॉकडाउन से पहले घर का, उजड़ा हुआ नजारा था।

वृद्धों को डाला आश्रम में, बच्चों को छात्रावास में।
खुद भी घर से निकल पड़े थे दो पैसों की आस में।

इंसान नहीं है जिस घर में वो घर नहीं, एक ढांचा है।
वायरस के जरिये कुदरत ने मारा एक तमाचा है।

सड़कों पे आज सन्नाटा है घर पर कोलाहल भारी है।
कैरम, लूडो, ताश, शतरंज, चौबीसों घंटे जारी है।

लर्निंग ग्राउंड बना है आँगन समर कैंप-सा लगा हुआ है।
क्राफ्ट, सिलाई, कसीदाकारी, का जमघट-सा लगा हुआ है।

क्रिकेट हो या हो बैडमिंटन छत पर सबकी धूम मची है।
मुजरा करती हुई पतंगें मानो ख़ुशी से झूम रही हैं।

किचन की भी किस्मत बदली एक से ज्यादा शेफ हुए हैं।
मम्मी, पापा, भैया, दीदी, नयी-नयी डिश में जुटे हुए है।

गाथा है ये बाथरूम की वाटर पार्क-सा बना हुआ है।
बच्चे घर में बोर ना हो स्विमिंग पूल भी लगा हुआ है।

लॉकडाउन के दौर में घर का आबाद हुआ कोना-कोना।
जब तक घर के भीतर हैं कुछ कर ना सकेगा कोरोना।

दादी नुस्खे बता रही हैं निजात खांसी से पाने के।
दादू भी फायदे बता रहे हैं हरपल मास्क लगाने के।

मम्मी हाथों से खिला रही और गणित पढ़ा रहे पापा।
लॉकडाउन से पहले तो घर का ऐसा माहौल ना था।

सभी एक छत के नीचे हैं ये देख खुश होता है मन।
मकान को घर बना दिया लॉक डाउन ! तेरा अभिनन्दन।

मुस्कान

मुस्कान ढूँढते हो
अरे, गुमशुदा है वो ।
सुना है कई माह से
लापता है वो।

टी वी में दीं ख़बरें
छपवाए इश्तहार भी
फिर भी न मिली खबर
कहाँ छुपी है वो

भटक रहे हैं कब से
हम ज़ुस्तज़ू में उसकी
कोई तो कहे आकर
मिल गई है वो

तस्वीर उस मुस्कान की
लेकर गली गली
देखा है क्या किसी ने
ये पूछते है हम

उसके बगैर लागे
नीरस सी ज़िंदगी
न जाने कहाँ छुपी है
उसे ढूँढते हैं हम

चली थी विश्व भ्रमण को
अधरों पे सवार होकर।
नयनों के सूटकेस में
सपने हज़ार लेकर।

लौटी ना आज तक वो
ना जाने कहाँ फँसी है।
उसके बिना चहुँ ओर
उदासी है, बेबसी है।

ठहरो दुनिया वालो ! हुई
ज़ुस्तज़ू अब पूरी।
पता चला है हमको
क्या थी उसकी मजबूरी।

लहूलुहान वो पड़ी है
आया दुखद समाचार ।
हुआ वुहानी लैब में
उसकी अस्मत से खिलवाड़।

चीन ने जंघा पीट-पीट
विषाणु को दिया आदेश।
कर चीरहरण मुस्कान का
अभी मौन हैं सारे देश।

चीर बढ़ाओ मुस्कान का
हे गिरिधर, गोपाल !
विषाणु खुद विषाद का
हो जायेगा निढाल।

प्रभु आवाहन

माना अति कष्ट ने घेरा है
ये वक्त नहीं है क्रंदन का
ये वक्त है प्रभु आवाहन का
ये वक्त है भजन और कीर्तन का

प्रभु राम ने आकर मुक्त किया
रावण के अत्याचारों से
कंस भी यम के द्वार गया
कृष्ण के मुष्टि प्रहारों से

प्रहलाद की रक्षा करने को
हो गए प्रकट एक खम्भे से
निस्संदेह कल्कि अब आएँगे
देखो ना यूँ अचम्भे से

गर बंद हुए मंदिर-मस्जिद
तुम खोल लो पट अपने मन के
त्राहिमाम, प्रभु ! त्राहिमाम्
एक बार तो कहो अंतर्मन से

ये रक्तपिपासु कोरोना
आखिर कब तक टिक पायेगा
मानव-भक्षक ये जैविक शस्त्र
खुद नतमस्तक हो जायेगा

रखो भरोसा भक्ति पर
नारायण फिर से आएँगे
वायरस के टुकड़े-टुकड़े कर
धरती का कष्ट मिटायेंगे...

मजदूर

अश्रुपूरित दो नयनों से,
तुम्हारी ओर निहार रहा।
करूणानिधि ! सुन लो इसकी,
मजदूर तुम्हें पुकार रहा

देख सुदामा की दीन दशा,
सिंहासन छोड़ चले आए।
पाँव में पड़े इसके छाले,
क्यूँ आँख तेरी न छलकाए।

उंगलि पे उठाकर गोवर्धन
क्या खूब बचाया ग्वालों को।
करुणा का मरहम दे दो तुम,
इसके भी पाँव के छालों को।

तुम सृष्टि के निर्माता हो,
तो, यह बस्ती निर्माता है।
पेशे से तुम्हारा भाई हुआ,
क्यूँ तरस तुम्हें नहीं आता है ?

क्यूँ पैदल चलते देख इन्हें
कलेजा न मुँह को आता है ?

करुणा क्यूँ तेरी सोई है,
क्यूँ इसको नहीं जगाता है ?

एक बार तो, हे करुणासागर !
कृपा-दृष्टि दिखलाओ तुम।
पुष्पक विमान धरा पर ला,
मजदूर को घर पहुँचाओ तुम।

कभी मैत्री धर्म निभाया था,
अब पालक धर्म निभाओ तुम।
भूख से आतुर बेबस की,
कुछ तो क्षुधा मिटाओ तुम।

बोली चिरैया

बोली चिरैया, सुन री बहना,
इतने दिन तुम थी कहाँ?
श्वान ने भी गर्दन उचकाई
और मिलाई हाँ में हाँ।

मैंने कहा, "अधीर ना हो,
मत इतना अकुलाओ तुम।
देखो, मैं रोटी लायी हूँ,
पहले क्षुधा मिटाओ तुम।"

खग मृग बोले, "नहीं खाएँगे,
जब तक न, हमें बताओगी।
प्रकृति माँ के बच्चे हम तुम
क्या हमसे राज़ छुपाओगी?"

मैंने कहा, "हम मानव को,
ना जाने कब तक रोना है।
एक बीमारी लग गयी ऐसी,
जिसका नाम कोरोना है।

जान बचाने की खातिर
घर में कैद हुए हम सब।

तुम्ही बताओ, साथी मेरे,
तुमसे मिलने आती कब?

तुमने पूछा अपनेपन से
किस्सा मैंने सब कह डाला।
मान रखो अब मेरा भी तुम
झट से खा लो एक निवाला।

ऑनलाइन पढ़ाई

पहले आकर कोविड ने
सब सैर सपाटे छीन लिए।
अब टीचर घुस गए फुनवा में
सब मजे हमारे बीन लिए।

क्यूँ ख़ुशी हमारी टीचर से
होती कभी बर्दाश्त नहीं।
क्या वे कभी बच्चे ना थे
क्या अपना बचपन याद नहीं।

अपने बचपन में तो वे
कंचों की धूम मचाते थे।
क्या कंचों के भीतर आकर
टीचर उन्हें पढ़ाते थे।

हम खेलें मोबाइल में
तो इन सबका क्या जाता है
क्यूँ सब इसमें घुस आये हैं
क्या तनिक तरस नहीं आता है

नसीहत देती थी मम्मी
मत खेलो तुम मोबाइल में।

इक दिन गँवा बैठोगे तुम
आँखों को इसी मोबाइल में।

अब खुद मोबाइल देती है
नसीहत भी छुपकर बैठ गयी।
ऑनलाइन पढ़ते-पढ़ते अब
कमर हमारी ऐंठ गयी।

पढ़ाना ही, अगर ज़रूरी है
तो, खुलवा दो, विद्यालय तुम।
कोरोना का देखा जायेगा
बना दो, हमें गवर्नर तुम।

उत्तराखंड

जिस ओर भी दृष्टि डालें हम हरियाली-हरियाली है
उत्तराखंड के ज़र्रे-ज़र्रे में खुशहाली ही खुशहाली है

विदेशी की क्या बात करें स्वदेशी भी जल जाते हैं
स्वराज्य से बढ़कर जब वो उत्तराखंड को पाते हैं

मेरे इस उत्तराखंड की मन मोहक छटा निराली है
हाँ इसके हर इक ज़र्रे में खुशहाली ही खुशहाली है

बेमिसाल वो केम्प्टीफाल जो सीधा स्वर्ग से आता है
जो भी देख लेता है उसको वो मन्त्र मुग्ध हो जाता है

कल-कल करते झरने की मसूरी नगरी रखवाली है
हाँ इसके हर इक ज़र्रे में खुशहाली ही खुशहाली है

गर्मी से तपता बदन लेकर जो नैनीताल में आता है
शीतल स्पर्श तब नगरी का उसकी अगन मिटाता है

ये शीतलता नैनी झील की हर ताप मिटाने वाली है
हाँ इसके हर इक ज़र्रे में खुशहाली ही खुशहाली है

केदारनाथ, बद्रीनाथ इस प्रदेश की शान बढ़ाते हैं
गंगोत्री, यमुनोत्री मिलकर फिर चार चाँद लगाते हैं

ये चारों धाम उत्तराँचल के खुद में पूजा की थाली हैं
हाँ इसके हर इक ज़र्रे में खुशहाली ही खुशहाली है

जिम कॉर्बेट का क्या कहना जग में नाम कमाया है
नहीं लौटना चाहता वह एक बार यहाँ जो आया है

हैं हाथी चीते शेर यहाँ यह दुनिया अज़ब निराली है
हाँ इसके हर इक ज़र्रे में खुशहाली ही खुशहाली है

नगरों के भीड़ भड़क्के में ग़र गुमशुदा तुम हो जाओ
ग़ैरों से हाथ मिला मिला खुद से जुदा तुम हो जाओ

खुद को तलाश करते करते आ जाना उत्तराँचल में
माँ का दुलार मिल जायेगा प्रकृति के इस आँचल में...

चाँद

न जाने हमने कितने नाते
चंदा के संग जोड़े हैं
चाँद को प्रियतम मानकर
व्रत चौथ के तोड़े हैं

बच्चों को यदि बहलाना हो
तो मामा इसे बनाया है
चंदा मामा दूर के,
लोरी से सदा सुलाया है

प्रेयसी की उपमा देनी हो
तो सदा चाँद से देते हैं
चौदहवीं का चाँद हो तुम
बड़े नाज़ से कहते हैं

हम जो पहुँचे उनसे मिलने
इस तरह वो फरमाए
तुम तो हो गए चाँद ईद का
अर्से बाद नज़र आये

यूँ तो कोई कमी नहीं है
लेखन ने पकड़ ली अपनी राह
चाँद चार लग जाएँ यदि
आप भी कह दें वाह जी वाह...

करवाचौथ पर चाँद कहता है

खिड़की से झाँकूँ अंदर... या छत पर उसे निहारूँ मैं
नजर न आये ग़र तो फिर... आँगन में पाँव पसारुँ मैं

पर ये नखरीली देख मुझे... भाई का रिश्ता जोड़े है
बच्चों का मामा कहकर... हर पल दिल को तोड़े है

माना कि चेहरे पर मेरे ... दाग़ धब्बे कुछ दिखते हैं
मगर हृदय के अंदर मेरे... पुष्प प्यार के खिलते हैं

एक तो मामा, दूर के वो भी... गाकर मुझे चिढ़ाती है
करवाचौथ आते ही इसे ... क्यूँ मेरी याद सताती है

देखो इस नारी ने कैसा ... त्रिया चरित्र दिखलाया है
आज वही दाग़ों का चेहरा... इसके मन को भाया है

कर प्रियतम से समता मेरी... राह आज ये तकती है
नज़र न आऊँ जब तक मैं... जल भी न ये चखती है

पूरे बरस मैं तरसा हूँ... पर आयी आज इसकी बारी
करके सोलह श्रृंगार... सुबह से भूखी प्यासी बेचारी

मैं भी आज नखरीली को ... नख़रे बहुत दिखाऊँगा
छत से देखे या खिड़की से... नजर नहीं मैं आऊँगा

मगर देर तक इसको व्याकुल... देख नहीं मैं पाउँगा
मामा हूँ इसके बच्चों का ... भाई का धर्म निभाउँगा

आकर इसकी छत पर मैं... व्रत इसका तुड़वाउँगा
देकर आशीर्वाद इसे ... सुहाग अमर कर जाऊँगा...

सूरज

जाने कितने खंजर लेकर,
निकल पड़े तुम गाँव में
सूरज तुम्हीं बताओ अब
हम जाएँ किसकी छाँव में

तुम सर्दी के नायक होकर
बनते खलनायक गर्मी में
क्यूँ दोहरा व्यक्तित्व दिखाते
क्यूँ नरमी न रखते गर्मी में

तुम जो आते अम्बर पे,
तो चाँद सितारे छुप जाते
गब्बर के आते ही जैसे,
सब बच्चे घर में घुस जाते

और जाते ही तुम्हारे वे
आकाश पटल पर छा जाते
अकेले तुम वे इतने सारे
फिर भी वे तुमसे घबराते

मान लिया कि डॉन हो तुम
पर इतना भी न गर्माओ

दादागिरी ये अपनी तुम
हम पर तो न दिखलाओ

उद्दंडता किसी शख्स की,
उसे बड़ा न बनने देती है
और खूबियाँ सारी उसकी,
पल भर में दफ़ा कर देती है

तुम तो गुणों की खान हो
फिर क्यूँ इतना गर्माते हो
कम कर लो अपने ताप को
क्यूँ इससे हमें मरवाते हो...

तेजहीन रवि

मानस पटल पर अंकित,
एक चारु छवि
जिसके सम्मुख, तेजहीन था रवि

जम चुकी थी उस पर
विस्मृति की धूल
एक अरसे से, जिसे, गयी थी भूल

अनायास, अतीत के सागर से उठी
स्मृति की एक तूफ़ानी लहर
ढाया दिल पर, यादों का क़हर

जा टकरायी, मानस पटल से,
और धवल कर दी, एक बार फिर, वही छवि
जिसके सम्मुख, तेजहीन था रवि

वही स्वप्निल छवि,
तकते-तकते जिसमें, खो गयी थी मैं
खुद को, डुबो गयी थी मैं

आज फिर, चन्द्रिका बिखेर रही है
प्रेम बरसाती वो मोहक छवि
जिसके सम्मुख, तेजहीन है रवि

खोयी हुई खुद को
आज खोज लिया है मैंने
भूली बिसरी याद समझ, मुख मोड़ लिया है मैंने

अब फिर से, विचलित ना कर सकेगी
वो सम्मोहक छवि
जिसके सम्मुख, तेजहीन है रवि...

दौड़ते अश्व

क्या अश्वमेध के अश्व समझ
लगाम कसूँ इन अश्वों की
बुनियाद हिला दूँ पल में मैं
अरि के सम्राटी सपनों की

या वास्तु दोष मिटाने को
फ्रेम में जड़वा लूँ ये अश्व
स्वर्णिम भविष्य की आस में
ऑफिस में टंगवा लूँ ये अश्व

या समझूँ इन्द्रियाश्व इन्हें
जो सरपट दौड़े जाते हैं
काम, क्रोध, लालच, मोह के
जो हर पल चने चबाते हैं

ग़र सूर्यदेव के अश्व हैं ये
बिना रथ के क्यूँ आये हैं
ये तो कल्पना के घोड़े हैं
जो मैंने आज दौड़ाये हैं...

तेरा चेहरा

कैसे निकालें दिल से दिलदार तेरा चेहरा
सदियों से मेरे दिल में जिसने बनाया डेरा

छाये थे ग़म के बादल आसमाने दिल पर
इंद्रधनुष सम चमका मेरे यार तेरा चेहरा

आँखों में है समुन्दर होठों पर सौ गुलाब
किये है चाँद को शर्मिंदा, ए यार तेरा चेहरा

जलवों में हमने पाया नूर उस ख़ुदा का
हमको ख़ुदा सा लागे ए यार तेरा चेहरा

ख़ुदा बख़्शे अगर तो इतना बख़्श दे हमको
जाएँ जिधर भी नजरें हो हर बार तेरा चेहरा...

हास्य कविता - C

कोपड़ा अंकल, कोपड़ा अंकल कहाँ को जा रहे हैं आप
कोपड़ा नहीं चोपड़ा बोल बात मान ले मेरे बाप

अंकल, हम तो पढ़ते आये C फॉर कैप, C फॉर कैट
अब से कहना होगा हमको C फॉर चैप, C फॉर चैट

बाप मेरे ! उसे चैट नहीं उसे कैट ही कहते हैं
कैसे समझाऊँ तुमको टोपी को कैप ही कहते हैं

C के बाद Vowel हो तो उसको क कहो बेटा
यदि C के बाद H आये तो उसको च कहो बेटा

आ गयी अंकल, मुझको हंड्रेड परकेंट समझ में बात
संजीव कपूर है अच्छा चेफ दुनिया में है उसकी धाक

ओये ओये ओये, गधे ! तूने ये क्या उच्चारण कर डाला
परकेंट नहीं परसेंट है पगले शेफ़ को चेफ बना डाला

क्या कहते हो अंकल, तुमने अभी तो ये सिखलाया है
Chef में c के बाद में h है percent में vowel आया है

तुम्ही बताओ अंकल, मैंने अभी तो क और च सीखे
अब स और श चले आये उच्चारण हैं कितने C के

आपसे बातें करके अंकल, ये सिर मेरा चकराया है
C C के इस चक्कर में कलेजा मुँह को आया है

अब ऐसा कर बेटा तू तो छोड़ पढ़ाई इंग्लिश की
उ से उल्लू और ग से गधा आदत डाल ले सुनने की...

हास्य कविता - फूल

फूल हाथ में लेकर एक
सज्जन ने प्रोपोज़ किया
गाल पे पाँचों उँगली के
चाँटे का हमने डोज़ दिया

गाल सहलाकर लगा पूछने
क्यूँ राजनीति खेली तुमने
बीजेपी चिन्ह के बदले में
क्यूँ काँग्रेसी पेली तुमने

हमने कहा ओये मनचले
अब उम्र हमारी ढल चुकी
जब प्रिय हमें ये फूल थे
वो उम्र अब निकल चुकी

लाता जो फूल गोभी का
तो सब्जी मैं बना लेती
बच्चो के संग में बैठाकर
खाना तुझे खिला देती

सुन लगा कोसने वो हमें
अपनी वाणी के शूलों से

खुशबू आ नहीं सकती
कभी कागज़ के फूलों से

तेरे सर पर काला बिच्छू
कहकर हो गया वो कूल
दहशत से मैं हुई बेहोश
बोल उठा वो एप्रिल फूल...

साइलेंट लेटर्स इन इंग्लिश

यह N कितना डरपोक है... K की छाया में चलता है
बड़प्पन तो इस K का है... फिर भी साइलेंट रहता है

कहने को यह Knife है... फिर भी घबराये जाता है
K को बनाकर बॉडी गार्ड... ये झूठी शान दिखाता है

Scissor में वो धार नहीं... कि C के पर क़तर देती
ग़र कैंची होती हिंदुस्तानी... कब की चल गयी होती

जो काट न पायी W को... गर्दन को भला क्या काटेगी
धिक्कार है ऐसी Sword पर... दुश्मन के तलवे चाटेगी

Doubt को परवाह नहीं... कि B घुस आया खेमे में
कब से छुपा बैठा अंदर... आ न पाया शक़ के घेरे में

Autumn से न झड़ पाया... N जैसा मामूली पत्ता
जबकि पतझड़ आते ही... झड़ जाता है पत्ता-पत्ता

H की चोरी कर बैठा... और ईमानदार फिर बनता है
बलबूते पर किसके ये... Honesty का दम भरता है

कलाई पर क्यूँ Wrist की... राखी बाँधी डबल्यू (W)ने
क्या बबली की कलाई पर... कभी बाँधी राखी बबलू ने

कब जाएगी L की आदत... यूँ अपनी टाँग अड़ाने की
जरुरत थी क्या उसको... Half को आधा करवाने की

Guess को ये अनुमान नहीं... कौन छुपा इसके अंदर
U छुपकर बैठ गया ऐसे... ज्यों पेड़ के बीच छुपा बन्दर

समझ नहीं आता मुझे... इन साइलेंट लेटर्स का चक्कर
साइलेंट ही रहना है तो... क्यों शक़्ल दिखाते हैं घुसकर...

अ से अः तक

अकेले हैं
आ जाओ तुम
इतना न सताओ तुम

ईद का चाँद बन कर यारा
उर को न तरसाओ तुम

ऊटपटाँग बातें अपनी
एक बार तो फिर दोहराओ तुम

ऐसे कैसे जी लूँ तुम बिन
ओ दिलवर मुझे बताओ तुम

और नहीं सह पाऊँगी अब
अंग मुझे लगाओ तुम

अः है खाली तू दे ताली
स्वरों की दुनिया है मतवाली...

वर्णमाला गीत

क से क़ातिल आँखें तेरी
ख से खंजर-सा वार करें
ग से गालों पर काला तिल
घ से घायल सौ बार करे
ङ है खाली, तू दे ताली

च से चलती तू हिरणी-सी
छ से छलकाती मादकता
ज से ज़ुल्फ घटा घनघोर
झ से झरने-सी निर्मलता
ञ है खाली, तू दे ताली

ट से टनटन बजती घंटी
ठ से ठुमककर जब चलती है
ड से डोले तब मेरा मन
ढ से ढपली-सी बजती है
ण है खाली, तू दे ताली

त से तन की खुशबू तेरी
थ से थमने का नाम न ले
द से दिल डूबा जाये रे
ध से धड़कन आराम न ले
नखरेवाली, तू दे ताली

प से पायल तेरी छम छम
फ से फ़लक़ तक जाती है
ब से बिजली की भांति तू
भ से भू को चमकाती है
म से मतवाली तू दे ताली

य से यारा तेरी सूरत
र से रब-सी लगती है
ल से लबों पर गिरिधर के
व से वंशी-सी सजती है

श से शक्ल भोली-सी ने
ष से षड़यंत्र रचाया है
स से सादगी से मिलकर
ह से हृदय को चुराया है

क्ष से क्षण भर न भूलूँ मैं
त्र से त्रिलोक में गान करुँ
ज्ञ से ज्ञानमई वर्णमाला
तेरा खूब बखान करुँ
मैं तेरा खूब बखान करूँ...

हिंदी का सोलह-श्रृंगार

पिया मिलन को चली है हिंदी,
करके सोलह श्रृंगार।
गद्य, पद्य और व्याकरण,
का पहन गले में हार।

माथे पर अनुस्वार की बिंदी,
आँखों में अनुनासिक काजल।
पूर्ण विराम सिंदूर लगाकर,
करने चली पिया को घायल।

कानों में हैं विसर्ग के छल्ले,
होठों पर कोष्ठक की लाली।
मुस्कान में देखो झलक रही है,
वर्ण-दन्तों की छटा निराली।

छायावादी यौवन उसका,
देखो कैसा इठला रहा है।
श्रृंगार-रस का झीना आँचल
छंद-उरोज को दिखा रहा है।

हाथों में खनकती चौपाई,
मिश्री कानों में घोल रही है।

दोहे छनकाती पाँवों में,
पिया मिलन को डोल रही है।

अलंकारों से सजी-धजी
हे मादक हिंदी सुकुमारी!
भारत जैसे प्रियतम से है
आज मिलन की रात तुम्हारी।

हिंदी बनाम अंग्रेजी

पिया-मिलन को बैठी हिंदी, करके सोलह श्रृंगार
बिहारी का दोहा हो जैसे, शब्द शब्द में प्यार

पिया ले आया बेशर्मी से, बाँहों में अंग्रेज़ी सौतन
लव यू लव यू कहकर उसने, किया बड़ा घिनौना नर्तन

विरह ज्वाला से धधक पड़ी, हिंदी नागमती-सी
बारहमासा आँसू बहते, रह गयी वो तो ठगी-सी

हो गयी हिंदी कृष्ण दीवानी, भक्ति इसकी साँची रे
पग में घुंघरू बाँधकर हिंदी, मीरा के संग नाची रे

तजा सारा श्रृंगार और, वात्सल्य को गले लगाया
सूर पदों को अंक में लेकर, झूला खूब झुलाया

कभी अवधी कभी ब्रज, कभी खड़ी बोलती बोली
कभी छंदों संग खेला करती, हिंदी आँख मिचौली

पितु-अंक को तरस रहे हैं, साखी, सबद, रमैनी
हम्प्टी, डम्प्टी, जैक और जिल ने, खुशियाँ इनकी छीनी

अद्भुत कितना लगता है अंकल आंटी का सम्बोधन
अंकल बन बैठें हैं सारे बढ़ जाता है कन्फ़्यूजन

चाचा को अगर पुकारो तो मामा फुदक कर आते
फूफ़ा को हँसने को बोलो तो मौसा दांत दिखाते

हर नारी है आंटी इनकी बुआ मौसी चाची ताई
सखी सहेली हो माँ की या काम वाली हो बाई

सहृदयी हिंदी बन बैठी, अपने ही घर में चाकर
पटरानी बन गयी अंग्रेज़ी, पराये देश से आकर

क्या हुआ जो मान रख लिया, एक हिंदी दिवस मनाकर
तीन सौ चौंसठ दिन मनाये, गुणगान सौत के गाकर

हिंदी, न मलिन करो मन को, मत इस तरह अधीरा हो
तुम तो ख़ज़ाने हिन्द का, एक बेशकीमती हीरा हो

तुलसी की है भक्ति तुममें, है मीरा का दीवानापन
महादेवी की पीड़ा तुममें, निराला का निरालापन

पंत की सुन्दर प्रकृति तुम, बच्चन की हो तुम मधुशाला
दिनकर की उर्वशी हो तुम, तो मैथिलि की उर्मिल बाला

सहती रहोगी कब तक यूँ ही, हिंदी !बन जाओ मर्दानी
अपना हक़ लेने की खातिर, बन जाओ झाँसी की रानी

दिनकर सी ललकार लगा दो, भूषण की तलवार उठा लो
छब्बीसी सेना सौतन की, सात समुन्दर पार भगा दो

सुन तेरी ललकार अंग्रेज़ी लंका सी जाएगी काँप
मानो देख ली हो उसने पूँछ में हनुमन की आग

माना कि मनु भटक गया, इड़ा संग नाता जोड़ लिया
मनाओ उसे तुम श्रद्धा बन, तुमने क्यूँ नाता तोड़ दिया

जल प्लावन होगा निश्चय ही, मनु श्रद्धा को फिर से पायेगा
हिंदी से मिल फिर हिंदुस्तान, एक सृष्टि नयी रचायेगा...

शकुन्तला और दुष्यंत, एक प्रेम कहानी

(अभिज्ञान शाकुंतलम पर आधारित)

घोर तपस्या विश्वा की
इन्द्र सिंहासन हिला गयी
फिर देवराज की अप्सरा
विश्वा का मन डिगा गयी

मोहित हुए कुछ इस कदर
मेनका संग संगम कर बैठे
पुष्प खिला जो फलस्वरूप
तज उसे पलायन कर बैठे

तजा मेनका ने भी उसको
पलायन कर गई निज धाम
शकुन्तों से रक्षित कन्या को
कण्व ऋषि लाये निज धाम

पुकार उसे शकुन्तला, हुए प्रफुल्लित कण्व
मात-पिता बने उसके, खूब खिलाया अंक

यूँ उछल कूद करते करते
कब बचपन पीछे छूट गया
अब थी दहलीज़ जवानी की
अंग-अंग में यौवन फूट गया

थी चाल उसकी हिरनी जैसी
कमसिन थी वनलता-सी वो
वो जब ज़ुल्फ़ें झटकाती थी
लगती घनघोर घटा-सी वो

झील-सी आँखें थीं उसकी
जो देखे डूब ही जाता था
उसके होठों की रंगत देख
गुलाब भी जल भुन जाता था

इन झील-सी आँखों में, डूब गया दुष्यंत
कामदेव ने था रचा, ये अद्भुत षड़यन्त्र।

फिर तीर चलाया काम ने
जो शकुन हिय के पार गया
सखियों को बना गवाह अपना
युगल ने प्रेम इज़हार किया

शकुन-दुष्यंत, दुष्यंत-शकुन
एक दूजे में यूँ समा गए
अनुपस्थिति में कण्व की
गंधर्व विवाह रचा गए

कुछ समय गुजारा साथ में
महल को लौट गए राजन

मुद्रिका निशानी सौंपकर
प्रत्यागमन का दिया वचन

दिन बीते बीतीं रैन, बीत गए थे माह
प्रतीक्षारत शकुंतला, ताक रही थी राह।

पी-दर्शन की भूखी विरहिन
खो बैठी अपनी सुध बुध
जाने कब दुर्वासा आ गए
जाने क्यूँ वो हो गए क्रुद्ध

दे डाला गुस्से में श्राप
तुझको भूल वो जायेगा
जिसके ग़म में खोयी है
पहचान तुझे न पायेगा

दुर्वासा के कटु श्राप ने
यादों के महल ढहा दिए
उम्मीद हुई धराशायी
नैनों ने अश्रु बहा दिए

गिड़गिड़ाई शकुन्तला, माँगती क्षमादान
तब किया दुर्वासा ने, अपना गुस्सा शांत।

जब तू मिलेगी प्रियतम से
पहचान न तुझको पायेगा

निशानी तू दिखलायेगी
तो सहर्ष तुझे अपनाएगा

प्रफुल्लित हुई शकुन्तला
आश्रम को गई दौड़ी दौड़ी
कण्व ऋषि को लौटा देख
सकुचाने लगी थोड़ी-थोड़ी

कण्व को सब कुछ ज्ञात हुआ
शकुन्तला की दो सखियों से
विचार विदा का आते ही
झरना-सा बहा दो अँखियों से

विदाई में ऋषि कण्व ने, किया करुण क्रंदन
ममता उनकी देखकर, हर माँ करती नमन।

वृक्षों को जान से प्यारी थी
दुखी हुआ पत्ता-पत्ता
खुद खाने से पहले उनको
जल देती थी कण्व सुता

वो देखो हिरनी का शावक
आँचल को मुँह में दबा रहा
आज मुँह मोड़े जाती है वो
गोद में जिसकी बड़ा हुआ

सुनो पक्षीगण गा रहे हैं
कैसा करुण विदा संगीत
हमें सखि ! तुम भूल न जाना
पाकर अपने दिल का मीत

बोली लिपट वो उनसे, कैसे कटेंगे दिन
जाने कैसे जियूँगी, आप लोगों के बिन।

दिया पिता ने आशीर्वाद
एक दिन ऐसा आएगा
जो गर्भ में पल रहा तेरे
वो चक्रवर्ती कहलायेगा

लेकर स्नेह और आशीर्वाद
सुता ने था मुँह मोड़ लिया
कलेजे पर पत्थर रखकर
पिता ने उसको विदा किया

वो नदी पार करती जाती
पिया सिवा कुछ ध्यान नहीं
उंगली से मुद्रिका फिसली
इसका उसे कोई भान नहीं

गिरी नदी में मुद्रिका, निगल गई एक मत्स्य
विरहिन बस चलती रही, सूर्य हो गया अस्त।

आखिर राजमहल वो पहुँची
शर्मायी सी, सकुचाई सी
राजन से आँखें चार हुई तो
मंद-मंद मुस्काई थी

आने का कारण जो पूछा
बोल उठी वो, हे राजन
आश्रम में जब तुम आये थे
बनाया था मुझे दुल्हन

हुआ अचंभित सुनकर राजा
न याद उसे कुछ आया था
झूठी और मक्कार, प्रवंचिनी
राजा ने उसे ठहराया था

दुर्वासा का श्राप था, नहीं किसी का दोष
पर राजन की बात सुन, उड़े शकुन के होश।

मुद्रिका थी उसके पास
अकस्मात् ही याद आया
प्रमाणित करने की खातिर
उसने आगे हाथ बढ़ाया

पर ये क्या, हुई अचंभित
निशानी आखिर गई कहाँ

किस्मत की मारी क्या करती
बनकर रह गई कहकहा

तिनका वो भी डूब गया
जिसका मात्र सहारा था
अपमानित होकर निकलेगी
ऐसा कब विचारा था

जीकर अब करूँगी क्या, सोच रही थी नार
पर अजन्में बच्चे को, दूँगी कैसे मार।

धरती अब तो फट जा तू
तुझमें समा मैं जाऊँगी
कुछ भी हो, पिता के घर
ये मुँह लेकर न जाऊँगी

कोख से जन्मीं बच्ची का
दुःख देख न पायी अप्सरा
बिजली-सी कड़की जोरों से
ले उड़ी बेटी को अप्सरा

फिर इंद्र लोक में ले जाकर
छोड़ा कश्यप के आश्रम में
शकुन ने सुत को जन्म दिया
ऋषि कश्यप के आश्रम में

दाँत शेरों के गिनता, जबड़ों को दे चीर
करे सवारी बाघ की, बालक था अति वीर।

इसी बीच मछुआरा एक
राजा को आया देने भेंट
हे नाथ ! मिली ये मुद्रिका
काटा जब मछली का पेट

देखी जो निशानी राजा ने
एक चक्र-सा घूमा मस्तक में
हर लम्हा उसे था याद आया
जो बीता शकुन की संगत में

सिर धुन लिया, सिर पीट लिया
ये कैसा अनर्थ हुआ मुझसे
हर बात सही वो कहती थी
बस मैं ही व्यर्थ लड़ा उससे

रहते थे दुष्यंत अब, चिंतन में दिन रात
गुजर रही थी ज़िन्दगी, करके पश्चाताप।

बुला भेजा फिर इन्द्र ने
देवासुर संग्राम हित
दुष्यंत गए फिर इंद्रलोक
हुई देवों की उसमें जीत

लौटते वक्त गए राजन
ऋषि कश्यप के दर्शन को
शेरों के बीच दिखा बालक
जैसे अपना ही बचपन हो

क्या जादू था उस बालक में
बिन डोर खिंचे जाते राजन
माँ, माँ, चिल्लाता जाता था
जो और करीब आते राजन

माँ झट से आयी दौड़, सुन लाल की पुकार
सम्मुख देख शकुंतला, फिर से उमड़ा प्यार।

आया है सब कुछ याद मुझे
अब अपने घर प्रिये लौट चलो
यूँ तो मैं क्षमा के योग्य नहीं
पर माफ़ करो, प्रिये ! माफ़ करो

राजन ! था तुम्हारा दोष नहीं
ये श्राप लगा था मुझको ही
जिसकी यादों में खोयी है
वो भूल जायेगा तुझको ही

भला हो उस मछुआरे का
जो लाकर मुद्रिका दे दी

कालिख जो लगी चरित्र पर
मुद्रिका ने झट पट धो दी

दूर हुए कुछ इस तरह, शिकवे औ शिकायत
राजा उनको ले चले, मुनि की ले इजाजत।

इस तरह पुनः मिले, शकुन्तला और दुष्यंत
सुखद आरम्भ, मध्य दुखद, सुखकारी था अंत
दाँत शेर के गिनता था, वो भरत बना सम्राट
भारत को उसके नाम से, जाना जाता है आज...

शिक्षाप्रद कहानियाँ

न किस्से राजकुमारों के
न ही परियों की गाथाएँ
मुझे लुभाती आयी हैं
नैतिक शिक्षा की कथाएँ

हर किस्सा, हर कहानी
सीख नयी दे जाती है
जीवन जीने के लिए
प्रेरक प्रसंग बन जाती है

प्यासा कौआ दर दर भटका
पानी की तलाश में
मटके में पानी था कम
जब जाकर देखा पास में

प्यास लगी थी जोरों से
लगा खुजाने सर को वो
सूझा उपाय लगा डालने
मटके में कंकर को वो

कुछ ही समय में जल स्तर
पहुँचा मटके की गर्दन तक
देख चतुराई कौए की
हम उसके आगे नतमस्तक

जहाँ है चाह वहीं है राह
कौआ ये पाठ पढ़ा गया
मुश्किल कितनी आएँ चाहे
मंज़िल तक जाना आ गया

ऐसा ही अद्भुत किस्सा है
दो बिल्ली और एक बन्दर का
तीसरा फायदा ले जाता है
ग़र भेद पता हो अंदर का

दो बिल्ली झगड़ीं आपस में
रोटी के मोटे टुकड़े पर
बन्दर भाँप रहा था सब कुछ
देख रहा था टुकर-टुकर

चालाकी खेली बन्दर ने
मूर्ख बनाया दोनों को
बराबर बराबर के फेर में
चूना लगाया दोनों को

हाथ मसल रह गयीं बिल्ली
रोटी खुद बन्दर खा गया
लड़ो झगड़ो न आपस में
वो पाठ हमें पढ़ा गया

ऐसी ही एक कहानी है
एक कछुए और खरगोश की

कछुए के धैर्य व संयम की
खरगोश के झूठे जोश की

दम्भी शशक बोला कछुए से
चलो आज मिल दौड़ लगायें
मंदगति कछुआ भी बोला
चलो आज किस्मत आजमाएँ

सोचा उस शशक घमंडी ने
अभी कछुआ है काफी पीछे
पेड़ के नीचे टाँग फैलाकर
वो लेट गया अँखियाँ मींचे

मंदगति था कछुआ बेशक़
पर अनवरत चलता रहा
पहुँचा वो मंज़िल रेखा तक
ख़र्राटे शशक भरता रहा

दम्भी का होता सिर नीचा
यह सीख यहीं से आयी है
एक मंद गति कछुए ने भी
विजय शशक पर पायी है

न जाने ऐसे कितने किस्से
होते हैं नैतिक पुस्तक में
नमन है ऐसे किस्सों को
जो रह जाते हैं मस्तक में...

मेरे दोनों बेटों को समर्पित

बच्चों तुम्हें विरासत में मैं, शायद न कुछ दे पाऊँगी
नसीहतों की शिक्षा देकर, मालामाल कर जाऊँगी

जमीन भले ही बिक जाये, ज़मीर को बिकने मत देना
चकाचौंध में झूठ की तुम, सच को चौंधियाने मत देना

मुँह में राम रखना हरदम, पर छुरी बगल में मत रखना
सामने से मज़ा चखा देना, आस्तीन के अंदर मत डसना

सपनों के महल बना लेना, नित कारें नयी खड़ी करना
आपस में भाई भाई मगर, दीवारें नहीं खड़ी करना

वार पीठ पर मत करना, न ही धूल झोंकना आँखों में
कोर्ट कचहरी मत करना, झगड़े सुलझाना बातों में

ठोकर खा यदि गिर जाओ, उठना सम्हलकर फिर चलना
गलत आचरण करके तुम, नज़रों से किसी की मत गिरना

न कुछ हासिल हो पायेगा, घाव पर नमक छिड़कने से
रूह को सुकून मिल जायेगा, रोतों के साथ सिसकने से

चोरी उस पर सीना जोरी, इन दोनों से बचकर रहना
ईमानदारी से बढ़कर बच्चों, होता है नहीं दूजा गहना

झाँकना गिरेबान में अपने, कीचड़ उछालने से पहले
निज दोषों को गिनना बच्चों, उंगली उठाने से पहले

बेशक आधुनिक हो जाओ, आगे बढ़ो तुम जीवन में
ख़्याल मगर परंपरा का, रखना हरदम अपने मन में

अफसर यदि न बन पाओ, उदास न अपना मन करना
कुछ बनना ही चाहते हो तो, सबसे पहले इंसान बनना...

माँ के हाथों की रोटी

क्यूँ छीन ली तुमने मुझसे,
माँ अपने हाथों की रोटी
क्यूँ ब्याह किया तुमने मेरा,
मुझे रहने ही देतीं छोटी

धुआँ बन उड़ती चूल्हे से,
जब माँ के हाथों की खुशबू
हो जाती भूख अति आतुर,
कोई कर न सकता था काबू

माँ अलट पलट देखा करती
कहीं जल तो नहीं गयी रोटी
ग़र कच्ची पक्की हो गयी तो,
वह खुद के लिए रखती रोटी

अब बन चुकी हूँ मैं भी माँ,
बच्चों को गर्म खिलाती हूँ
पर माँ के हाथ की रोटी को,
मैं आज तरस सी जाती हूँ...

पिता समान भाई को समर्पित

ए भाई तेरी सूरत में, पापा की मूरत दिखती है
तेरे स्नेह की धारा में कमी, उनकी न खलती है

बचपन में सहारा थे पापा, अब सर पर तेरा हाथ है
तुझ जैसे भाई के होते, न कोई बहन अनाथ है

माँ बहनों के आँसू तू, निज पलकों पे सँजोता है

अपने दिल की व्यथा कभी, उजागर न होने देता है

चोट तुझे जब लगती है, दिल मेरा डूबा जाता है
पर अपना दर्द छुपाकर, तू दिल मेरा बहलाता है

दिल विशाल है अम्बर-सा, धरती-सी सहनशक्ति तुझमें
तू प्रेम का सागर है भैया, है श्रवण-सी मातृभक्ति तुझमें

रब की रहमत है जो उसने, बख्शा है तुझ-सा भाई
फरिश्ता तुझ जैसा पाकर, धन्य हुई अपनी माई...

स्मृतियाँ बचपन की

याद आता है हमको, अब गुजरा जमाना
दिल चाहता है, फिर से बचपन में जाना

वो कंधे पर बस्ता और चोटी पर रिबन
याद आता है हमें, विद्यालय का जीवन
वो खो-खो, वो गुट्टे, वो पिट्ठू के पत्थर
सब चुभोते हैं उर में, स्मृतियों के नश्तर

सखियों के टिफ़िन से, अचार का खाना
दिल चाहता है, फिर से बचपन में जाना

जाती थी बिजली, हम जाते थे छत पर
ज़मीं पर बिछाते, मौज मस्ती से बिस्तर
तारों में दिखता था, ऋषियों का मण्डल
उड़ते थे हम भी, जब उड़ते थे खगदल

चंदा के मुख पर नैन और नक्श बनाना
दिल चाहता है, फिर से बचपन में जाना

ये अमरुद, जामुन और आमों का स्वाद
दिलाता है खूब, पेड़ों पर, चढ़ने की याद
बगीचे में घुसती थी, हम बच्चों की टोली
बस चढ़ता था एक, बाकी भरते थे झोली...

माली के आते ही, नौ दो ग्यारह हो जाना
दिल चाहता है, फिर से बचपन में जाना

मनानी हो छुट्टी, तो बस, नानी का घर था
ट्रेन की सवारी थी या बस का सफर था

वो संतरे की टॉफी, वो नारियल की फांके
वो चूरन की पुड़िया और खीरे की सांखे

बस से उतर कर, फिर रिक्शा से जाना
दिल चाहता है, फिर से बचपन में जाना...

रिश्तों का अल्ट्रेशन

अक्सर हमारे रिश्तों की उधड़ती रही बखिया
कभी मैंने सी लिया तो कभी उसने तुरप दिया

कभी अहंकार से उसके तो कभी मेरे गुरूर से
हुई ज़िप ख़राब तो हमने समझौता रगड़ दिया

कई बार चटक चुका बटन मामूली-सी बात पर
कभी टाँक दिया बटन तो कभी पिन लगा दिया

एक बार खिंचकर कहासुनी में फट गया रिश्ता
मैंने कर दिया रफ़ू और उसने पेबंद लगा दिया

यूँ करते रहे अल्ट्रेशन कभी वो और कभी हम
रिश्ते का ताना-बाना मिलजुल कर बचा लिया

हे गुरु ! शुक्रिया

शुक्रिया ! शुक्रिया ! हे गुरु ! शुक्रिया
किस तरह से करूँ, आपका शुक्रिया
निरक्षर थी मैं, कोरा कागज़ थी मैं
अल्फ़ाज़ों का तुमने ही तोहफ़ा दिया

शुक्रिया ! शुक्रिया ! हे गुरु ! शुक्रिया
किस तरह से करूँ, आपका शुक्रिया

कच्ची मिट्टी थी मैं, तुमने ढाला मुझे
देकर आकार, तुमने, सँवारा मुझे
काँच के, एक टुकड़े को, तुमने गुरु
बनके जौहरी, तराशा था जैसे हीरा

शुक्रिया ! शुक्रिया ! हे गुरु ! शुक्रिया
किस तरह से करूँ, आपका शुक्रिया

मात्र शिक्षक नहीं, मार्ग दर्शक थे तुम
प्रशंसक भी तुम, आलोचक भी तुम
डगमगाए कभी भी, कदम जो मेरे
रहनुमा, बनके तुमने, दिखाई थी राह

शुक्रिया ! शुक्रिया ! हे गुरु ! शुक्रिया
किस तरह से करूँ, आपका शुक्रिया

मैं अनभिज्ञ थी, मैं तो अनजान थी
गलत और सही की न पहचान थी
जब अँधेरे ने घेरा था अज्ञान के
ज्ञान दीपक से अपने उजाला किया

शुक्रिया ! शुक्रिया ! हे गुरु ! शुक्रिया
किस तरह से करूँ आपका शुक्रिया...

हमारी गुरु प्रकृति

प्रकृति को तुम गुरु बना लो
नैया अपनी पार लगा लो
इसके जैसा गुरु न मिलेगा
चाहे कितनी शर्त लगा लो

वृक्षों से तुम सीखो परहित
जिसने बस देना ही जाना
नदियाँ हमें सिखाती आयीं
बस आगे ही बढ़ते जाना

सुख-दुःख में सम रहो सदा
सूरज हमको सिखलाता है
धैर्य-संयम का पाठ धरा से
बेहतर कौन सिखाता है

गुलाब से सीखो तुम मुस्काना
कांटो के बीच भी हँसता है
चरित्र बनाओ कमल-सा तुम
कीचड़ बीच भी खिलता है

न विचलित हों विपदाओं से
पहाड़ हमें सिखलाते हैं
शत शत नमन इन गुरुओं को
हम श्रद्धा सुमन चढ़ाते हैं...

किस विधि तुमको पाऊँ मैं

नक़ल करके मैं शबरी की
चख-चख भोग लगा भी दूँ
पर उस जैसी भक्ति कैसे
प्रभु ! अपने भीतर लाऊँ मैं

चंद सिक्कों से नौका लाकर
तट पर यदि लगा भी दूँ
पर केवट ने जो पुण्य किये
प्रभु ! कैसे उन्हें कमाऊँ मैं

अपनी कुटिया के आगे मैं
ग़र पत्थर एक सजा भी दूँ
अहिल्यायी किस्मत पाने को
कैसे उसमें घुस जाऊँ मैं

सर पर चरण-पादुका रख
भक्ति का ढोंग रचा भी लूँ
त्याग, तपस्या, निश्छल प्रेम
कहाँ से भरत-सा लाऊँ मैं

हे राम ! तुम्हीं बताओ अब
किस विधि तुमको पाऊँ मैं
शायद मैं तुमको पा जाऊँ
ग़र दिल न कोई दुखाऊँ मैं...

हर सीना हनुमानी हो

मोहताज़ नहीं वो राम लला
भूमि के इक टुकड़े के
जन कल्याण हेतु जो
मात-पिता से बिछड़े थे

कैकेयी तो मात्र बहाना थी
उन्हें वनवास में जाना था
कर राक्षस मुक्त ऋषियों को
निष्कंटक यज्ञ कराना था

ठाट-बाट राजाओं का
तिनके की भाँति छोड़ चले
पर्णकुटी को धन्य किया
महलों से नाता तोड़ चले

छप्पन भोगों का लोभ नहीं
वो बिक गए झूठे बेरों में
पल में शबरी को मोक्ष दिया
बाँधा न जन्म के फेरों में

लुभा सकेंगे क्या उनको
सोने चांदी के सिंहासन

राम लला को भाता है
भक्ति-भरा मन का आसन

श्री रामलला विराजित हैं
भक्त हनुमान के सीने में
ग़र हर सीना हनुमानी हो
तो आये मज़ा फिर जीने में...

कृष्ण दर्शन

कान्हा ! मुझे बता भी दो
तुम्हें कैसे पास बुलाऊँ मैं
बन जाऊँ वंशी अधरों की
या गाय सी रम्भाऊँ मैं

या मटकी रख दूँ छीके पर
चोरी-चोरी तुम आ जाना
मैं छुपकर तुम्हें निहारूँगी
तुम सारा माखन खा जाना

या पनघट पे आ जाऊँ मैं
मटकी मेरी चटका जाना
जो धार बहेगी प्रेम की
बस उसमें मुझे बहा जाना

या बस जाऊँ बरसाने में
राधे की दासी बन जाऊँ
ग़र मिलने आओ राधा से
तो मैं भी दर्शन पा जाऊँ

या ढोल मंजीरा लेकर मैं
बन जाऊँ मीरा-सी विरहन
विष के प्याले में, हे कृष्णा
दे जाना मुझको भी दर्शन...

भक्तिरस

कई रातों से जागी हूँ
सोने का दिल करता है
तेरे काँधे पे सर रख
रोने का दिल करता है

तूने हमसे हमने तुझसे
की है बेहिसाब नफरत
बहुत हुआ बीज प्यार के
बोने का दिल करता है

साँसो की लड़ी नाजुक
न जाने कब बिखर जाये
ख़ुशी के हर इक लम्हे को
संजोने का दिल करता है

काम, क्रोध, ममता, लालच
सबसे नाता तोड़ के बस
भक्तिरस में तन मन को
डुबोने का दिल करता है

नही है कुछ ग़िला तुमसे
न शिक़वा ज़िन्दगी से है
न जाने क्यूँ लीन ब्रह्म में
होने का दिल करता है...

गोकुल सूना छोड़ गए कृष्णा

तिरछी चितवन शोख़ अदाएँ मुखड़ा है प्यारा-प्यारा
कान्हा ! क्या सचमुच ही तुमने जनम लिया दोबारा

कलियुग में द्वापर की तुमने कथा वही दोहराई
एक बच्चे के रूप में तुमने लीला वही रचायी

मथुरानंदन बना है फिर गोकुल की आँख का तारा
कान्हा ! क्या सचमुच ही तुमने जनम लिया दोबारा

कंस स्वरुप दादा ने जब पोते को निकाला घर से
नन्द स्वरुप नाना के आँसू टप-टप-टप-टप बरसे

कृष्ण रूपी बालक पर अपना तन मन था सब बारा
कान्हा ! क्या सचमुच ही तुमने जनम लिया दोबारा

नाना के आँगन को उसने गोकुल तुल्य बनाया
गोपी बन गयी सारी मौसी संग में रास रचाया

बनी यशोदा मैया नानी और मामा को दाऊ पुकारा
कान्हा ! क्या सचमुच ही तुमने जनम लिया दोबारा

पाषाण हृदयी दादा पर कुदरत ने कुठाराघात किया
निज कर्मों पर तब उसने रो रोकर पश्चाताप किया

आजा मेरे चिराग मिटा दे जीवन से अँधियारा
कान्हा ! क्या सचमुच ही तुमने जनम लिया दोबारा

एक बार फिर से गोकुल सूना छोड़ गए कृष्णा
समझे थे उन्हें अपना, भ्रम ये तोड़ गए कृष्णा

गोकुल सूना छोड़ गए कृष्णा
सबको रोता छोड़ गए कृष्णा...

कान्हा तुमसा न सरल कोई

गीत लिखूँ, नग़्मा लिखूँ या लिख दूँ मैं ग़ज़ल कोई
नयनों को तेरे देख लगा खिला हो ज्यों कमल कोई

मन भी चहका चहका है, दिल भी बहका-बहका है
शायद तुम आये हौले से, दिल में मची हलचल कोई

अद्भुत है तू अनुपम है, हर अदा अप्रतिम निराली है
मैं उपमा दूँ तेरी किससे, सच तेरी नहीं नक़ल कोई

देखा है तुझे मैंने जबसे, उलझी हूँ तब से ख्यालों में
हो गयी मीरा-सी वैरागन न आज सोई न कल सोई

पुकार रही दिल से तुमको, तुम आ जाओ दौड़े-दौड़े
सुना है प्रीत निभाने में, कान्हा तुमसा न सरल कोई...

अग्रसेन चालीसा

कृपा बनाए रखो सदा, अग्रसेन महाराज।
दिन दूनी तरक्की करे, ये अग्रवाल समाज।

सूर्यवंशी वल्लभ सुत की जय।
राजा अग्रसेन जी की जय ।1।

मुख पर तेज औ सर पर ताज ।
जय जय अग्रसेन महाराज ।2।

हाथों में तलवार सुशोभित।
हो जाता हर कोई मोहित ।3।

अग्र समाज के तुम संस्थापक।
माँ लक्ष्मी के अनन्यउपासक ।4।

धार्मिक सहिष्णु परम प्रतापी।
मन तनिक भी नहीं था पापी ।5।

जिस दिन तुम्हारा जन्म हुआ।
थी अश्विन शुक्ल की प्रतिपदा ।6।

ज्योतिषों ने यूँ किया बखान।
ये बालक होगा अति महान ।7।

बने प्रताप नगर के राजा।
इस नगर को तुमने त्यागा।8।

क्षत्रिय धर्म ठुकराया तुमने।
धर्म वैश्य अपनाया तुमने।9।

प्रतापनगर का त्यागा राज।
बने फिर अग्रोहा सरताज।10।

नगर नवीन बसाया तुमने।
जहाँ व्यापारी आया बसने।11।

नगर में आया जो प्रवासी।
बनाया उसे नगर का वासी।12।

देकर रुपया और इक ईंट।
भरी उसके भवन की नींव।13।

कारोबारी उसे बनाया।
समाजवाद का चक्र चलाया।14।

जन वादी मानवता वादी
तुम थे सच्चे समतावादी।15।

नागवंश में ब्याह रचाया।
संग माधवी रास रचाया।16।

दूजी पत्नी सुंदरावती।
नागवंश से थी वो भी।17।

पुत्र अट्ठारह पाये तुमने।
ज्येष्ठ विभुसेन थे जिनमें।18।

सभी सुतों से यज्ञ कराये।
उनसे गोत्र अट्ठारह पाए।19।

ऋषि गर्ग ने निज नाम दिया।
गर्ग गोत्र विभु को दान किया।20।

ऐरन बंसल विन्दल कंसल।
गोयल मंगल सिंघल तिंगल।21।

कुच्छल धारण मधुकुल भंदल।
जिंदल तायल गोयन मित्तल।22।

नागल गोत्र रह गया अधूरा
माना नहीं जाता यह पूरा।23।

अंतिम यज्ञ में देखा घोड़ा।
मन उदास था जिसका थोड़ा।24।

ज्यों कसाई ने आरी दागी।
अग्रसेन की करूणा जागी।25।

तुरंत ही पशु बलि रुकवाई।
यज्ञ से यह प्रथा हटवाई ।26।

रह गया यज्ञ अधूरा ऐसे।
गोत्र आधा कहलाया ऐसे ।27।

करुणामय अहिंसा पुजारी।
पशुओं के थे तुम हितकारी ।28।

गो पालन तुमसे ही सीखा।
बोले नहीं किसी से तीखा ।29।

शत वर्ष तक तुमने राज किया।
लोकतंत्र का आग़ाज़ किया ।30।

अंतकाल सन्यास अपनाया।
विभु को गद्दी पर बैठाया ।31।

इक बार नगर में आग लगी।
तो जनता डर से भाग चली ।32।

शरण को भटकी इधर उधर।
जनता हो गयी तितर बितर ।33।

अग्रोहा से जो भाग आये।
अग्रवाल सभी वो कहलाये ।34।

हर गोत्र की बढ़ी आबादी।
होती न एक गोत्र में शादी।35।

सरकार ने भी माना लोहा।
धार्मिक धाम बना अग्रोहा।36।

सन छिहत्तर में हुआ प्रकट।
तुम्हारे नाम का डाक टिकट।37।

जलपोत तुम्हारे नाम का।
प्रतीक है मान सम्मान का।38।

बनबाई जो तुमने बाबड़ी।
दिल्ली में अभी भी है खड़ी।39।

रागिनी गा रही है गाथा।
धरे चरण-धूलि सर माथा।40।

मनाते धूम धाम से, जिसका हम जन्मदिन।
वो आया इस धरा पर, नवरात्रि के प्रथम दिन।

भारत महान

दिला दो मुझे पिचकारी, माँ ! छोड़े जो तिरंगी धार
सफ़ेद हरा और केसरिया की कर दूँगा बौछार

दिवाली पे मैया मेरी, तुम रॉकेट एक दिला देना
चेता दूँगा मैं दुश्मन को, हल्के में हमें नहीं लेना

बाँसुरी मुझे दिला दो, माँ ! तो सुर ऐसा निकालूँ मैं
बजाकर जन गण मन की धुन, दुनिया को नचा दूँ मैं

साइकिल में मेरी मैया, हो पहिया चौबीस तिल्ली का
देख जिसे पहचान ले दुनिया, बच्चा हूँ मैं दिल्ली का

तुम कहो तो आसमां में, केसरिया पतंग उड़ा दूँ मैं
चहुँ ओर तुम्हारी आज्ञा से, भगवा परचम लहरा दूँ मैं

धरती से इस अम्बर तक, मुझे तीन ही रंग नज़र आएँ
ख्वाहिश दिल की इतनी है, सारा जग भारत कहलाये...

दृश्य सुहाना गाँव का

ये दृश्य सुहाना गाँव का, हृदय को छूकर जाता है
सारा तनाव एक झटके से, छूमंतर हो जाता है।

जिस ओर भी दृष्टि डालें, हरियाली ही हरियाली है
हर गाँव के ज़र्रे-ज़र्रे में, खुशहाली ही खुशहाली है।

हीरा-मोती की जोड़ी ये, प्रेमचंद की याद दिलाती है
इक दूजे पे जाँ निसार दो बैलो की कथा सिखाती है।

टाँग फैलाये लेटे हैं देखो, छप्पर के ऊपर काशीफल
सब्ज़ी बनने से पहले तक, आराम के हैं मानो ये पल।

ताई-चाची में बैर नहीं, ओखल से मूसल लड़ते हैं
ओखल में रखे मसालों पर, मूसल के घूँसे पड़ते हैं।

बेटों का वक्त गुजरता है, खेतों और खलिहानों में
बहुएँ भी हाथ बँटाती हैं, आँगन और दल्लानों में।

बूढ़ी माँ यह समझाती है, जो काम से जी चुरायेगा
हासिल न कुछ कर पायेगा, जो मेहनत से घबरायेगा।

महानगरों की भीड़ में अग़र गुमशुदा तुम हो जाओ
हाथ मिलाकर ग़ैरों से, खुद से ज़ुदा तुम हो जाओ।

खुद को तलाश करने यदि आ जाओ कभी तुम गाँव में
खुद को तुम बैठा पाओगे, पीपल-बरगद की छाँव में।

शहीद की पत्नी और माँ

पिता पुत्र दोनों ही सीने पर गोली खाकर आये हैं
सरहद के दीवाने फिर तिरंगे में लिपटके आये हैं

उस नारी का ज़िगर देखो जो पति-पुत्र को खोती है
नमन है ऐसी वीरा को जो धीरज बहू को देती है

अपमान न कर शहादत का हम वीरों की विधवाएँ हैं
इन अश्कों को छुपा पगली जो नैनों में भर आये हैं

बलिदान-ए-सिन्दूर हमारा अब व्यर्थ न जाने पायेगा
लहू अरि का पीकर ही ये दिल की प्यास बुझायेगा

माटी का कर्ज़ न उतरा है अभी क़र्ज़ चुकाना बाकी है
तेरी कोख में पलते बच्चे को भी वर्दी पहनाना बाकी है

फौलादी कर तू दिल अपना एक सैनिक और बनाना है
विधवा है तू सैनिक की फिर शहीद की माँ कहलाना है...

भोले भाव

भावों की निर्मल धारा को, स्वच्छंद वेग से बहने दो
न बेड़ी डालो नियमों की, उन्मुक्त इन्हें तुम रहने दो

भारी भरकम शब्द भले, पांडित्य का बोध कराते हैं
सहज सुकोमल भाव मगर, तले इनके दब जाते हैं

दिल से निकले भावों को, दूजे के दिल तक जाने दो
न बेड़ी डालो नियमों की, उन्मुक्त इन्हें तुम रहने दो

उलझाओ मुझे न छंदों में, मैं अनपढ़ हूँ, मैं वाबरी
क्या रोला है, क्या सोरठा, न जानूँ, क्या है घनाक्षरी

भोले अभिमन्यु-भावों को, छंदव्यूह में मत फँसने दो
न बेड़ी डालो नियमों की, उन्मुक्त इन्हें तुम रहने दो

मत मानो मुझे कवयित्री, फ़र्क न मुझे कुछ पड़ता है
कलम उठाती हूँ यूँ ही, लिखने का नशा जब चढ़ता है

मात्रा वर्णों की गिनती में, भावों का दम मत घुटने दो
न बेड़ी डालो नियमों की, उन्मुक्त इन्हें तुम रहने दो...

हथिनी और अन्नानास

लज्जा न तुझे तनिक आयी, पैशाची कृत्य किया तूने
कैसे कह दूँ, तू शिक्षित है, शिक्षा को शप्त किया तूने

धिक्कार तुझे, ओ पशु-भक्षी ! क्या मानवता दिखाई है
शिशु के जन्म से पहले ही, माँ उसकी मार गिराई है

मृतक बना दिया उसे, जो जन्म भी न ले पाया था
विज्ञान ने क्या बारूद को, इसी के हित बनाया था

तेरी वीभत्स करतूतों ने, ईश्वर की नजर झुकाई है
उत्कृष्ट कृति ने ईश्वर की, ये कैसी नाक कटाई है

ये क्रूरता मानव तेरी, दिन पर दिन बढ़ती जाती है
खुदगर्ज़ी की बेदी पर, पशु की बलि चढ़ जाती है

ये शर्मनाक हरकत तेरी, प्रलय धरती पर लाएगी
आँख खुलेगी शंकर की, तो तांडव खूब मचाएगी

सुन, आदम की संतान ! दैवीय प्रकोप से डर जा तू
क़ुदरत का क़हर टूटे तुझ पर, पहले ही सँभल जा तू...

नारी देह परिवर्तन

नर से नहीं भगवान से इंसाफ चाहिए
नारी देह में अब कुछ बदलाव चाहिए

हर क्षेत्र में आगे यूँ तो बढ़ रही है नारी
देह रचना के कारण आज भी है हारी

तन के भूखे भेड़िये नोचें हैं उसका तन
लहूलुहान हो रहा है नारी का तन-मन

हर लिबास नारी का उत्तेजक बन जाता
साड़ी, स्कर्ट, जीन्स सभी में नर घूरे जाता

रचो प्रभु ! इस सृष्टि को और ढंग से तुम
मत रचो नारी को उत्तेजक अंगों से तुम

नर की रचना में भी तुम कुछ करो परिवर्तन
नारी को देख न कर पाए वो कामुक प्रदर्शन

नारी-नर दोनों ही एक दूजे का सम्मान करें
तन से परे हटकर नव सृष्टि का निर्माण करें...

निर्मोही

निर्मोही क्यूँ मुख मोड़ गया
शीशे की तरह दिल तोड़ गया
दग्ध दिल से निकले चिंगारी
जलता हुआ क्यूँ छोड़ गया

तेरा हृदय-मरुस्थल तरसेगा
नेह की शीतल बरसात को
बस कँटीले कैक्टस उपजेंगे
तरसेगा कली के साथ को

मलयज समीर का झोंका
विरह की अग्नि भड़कायेगा
मौसम मनोहर सावन का
तेरा ताप मिटा न पायेगा

प्यार मेरा इक दिन, प्यारे
वापस चौखट पर लाएगा
दर दर की ठोकर खाले तू
फिर लौट यहीं पर आएगा...

ज़िंदगी - झुरमुटों का साया

मेरी ज़िंदगी भी क्या है, झुरमुटों का साया
शाख पर जिसकी कभी, जुगनू न जगमगाया
हर आँख यूँ तो, अश्क़ का दरिया बहा रही है
पर जिन्दगी ! तूने हमें हर मोड़ पर रुलाया

ए जिन्दगी ! तुझे तो हम, जी रहे थे शौक से
तबाही का फिर तूने, क्यूँ रास्ता दिखाया
बिजली गिराने वास्ते, आशियाने थे बहुत
हर बार तूने मेरा ही, क्यूँ आशियाँ जलाया

सितम ज़रीफ़ी देखिये, फन-ए-तक़दीर देखिये
हर जश्न मेरी मौत का, सामान लेकर आया
ख़ुशी तो मेरे घर से, दबे पाँव खिसक गयी है
ग़म की इनायत देखिये, सैलाब बन कर आया

छोड़ दे दामन हमारा, कर करम ए जिन्दगी !
तुझे हम न रास आये, हमें जीना न रास आया
मत फेर अब सर पर मेरे, उँगलियाँ तस्कीन की
आगे भी धोखा खाएँगे, ग़र फिर से आज़माया...

फरियादी दिल

इस दास्ताने ग़म का ज़िक्र, करती है जुबाँ-जुबाँ
अदब से पेश तुम आते, तो चर्चा आम नहीं होता
ख़्याल जो तुम्हें होता, यदि इस जग हँसाई का
रुसवा यूँ न मैं होती, तू भी बदनाम नहीं होता

बेशुमार ज़ुल्म किये तूने, अनगिनत सितम ढाये
मेरा अपना बनकर तूने, नैनों से अश्रु छलकाए
फरियादी दिल पूछे है, अन्याय क्यूँ हुआ मुझ पर
दिल ज़ख़्मी करना तो, मीतों का काम नहीं होता

ख़्याल जो तुम्हें होता, यदि इस जग हँसाई का
रुसवा यूँ न मैं होती, तू भी बदनाम नहीं होता

प्रेम के नाजुक रिश्ते का, पैसे से मोल लगाते हैं
कसमें, वादे प्यार, हर बात की कीमत चाहते हैं
फरियादी दिल पूछे है, ये कैसे समझाएँ इनको
प्रेम ख़ुदा की देन है, इसका कोई दाम नहीं होता

ख़्याल जो तुम्हें होता, यदि इस जग हँसाई का
रुसवा यूँ न मैं होती, तू भी बदनाम नहीं होता...

आँखें

आँखें क्या तुमसे चार हुईं सारी रात कटी है आँखों में
तुम आँख चुराते हो हमसे हम आँख बिछाते राहों में

आँखें क्या तुमसे चार हुईं तुम बन गए आँखों का तारा
पर फेर लीं तुमने आँखें अब करे क्या दिल ये बेचारा

आँखें क्या तुमसे चार हुईं तुम आँखों में घर कर बैठे
पुतली बने तुम आँखों की क्यूँ हम किरकिरी बन बैठे

दिल में बसाया था हमने आँखों पर बैठाया था तुमको
गुनाह किया था हमने क्या आँखों से गिरा दिया हमको

कोई आँख उठाकर देखे तुम्हें होता हमको मंज़ूर नहीं
यदि खून उतर आये आँखों में अपना कोई कसूर नहीं

पथरा गयीं तकते तकते ये तेरे दर्शन की प्यासी आँखें
झलक बस तेरी मिल जाये फिर मुंद जाएँ चाहे आँखें...

स्वर्णिम अर्धशतक

मुबारक हो तुम्हें ए दोस्त मेरे
जीवन का स्वर्णिम अर्धशतक
जिन खुशियों को पाना चाहो
मिल जाएँ सब वो पलक झपक

तुम जैसा दोस्त मिला हमको
सुरभित हुआ जीवन अपना
उस रब से दुआ हम करते हैं
हो साकार तुम्हारा हर सपना

सुरभि से तेरी आज तलक
मन अपना महका महका है
चाहे सात समुन्दर पार है तू
दिल तेरे पास ही रहता है

विलक्षण व्यक्तित्व तुम्हारा है
हुनर की हो तुम खान सखी
वो अलफ़ाज़ कहाँ से लाऊँ मैं
जो कर दें तेरा बखान सखी...

अजनबी ! कौन हो तुम ?

कल तक अजब सन्नाटा था
आज अनायास
किस अदृश्य डोर से
बंध गया है चित्त ?

क्यूँ रूह हुई स्पंदित ?
क्यूँ मची हुई है हलचल ?
साँसों में अजब महक है,
क्यूँ हो रहा हृदय विकल ?

तुम ! क्या तुम ही हो ?

जिसने कर दिया है झंकृत,
मन वीणा का तार-तार
तुम्हें ही देखना चाहते,
नयन मेरे क्यूँ बार-बार ?

मन, था अपरिचित जो कल तुमसे
आज वही

मन आह्लादित हो रहा
क्यूँ बैन तुम्हारे सुन सुनकर ?

क्यूँ जी चाहे समेट लूँ?
पुष्पों-सी मुस्कान चुन चुनकर

अजनबी ! कौन हो तुम ?
परिचय दो, संक्षिप्त अपना

जो भाव तुम्हारे मन में हों,
जुबां को वो सब कहने दो
प्रेम की अविरल धारा को,
तुम आज वेग से बहने दो...

विश्वासघात

दुनिया में न ऐसा शख्स कोई
जिस पर कह दें हमें नाज़ है
ओढ़े हैं शराफत की चादर
पर दिल सबका दगाबाज़ है

हर एक को आजमाकर हमने
बस वक़्त अपना बर्बाद किया
दोस्त जिन्हें हम कहते थे
हर एक ने दिल पर घात किया

आस्तीनें जिसे अपनाती हैं
साँप वही बन जाता है
दोस्ती को ही डस लेना
दोस्तों का अजब अंदाज़ है

बोली में मिश्री घोली है
दिल सबके ज़हरीले हैं
मखमली नकाब हटा दें तो
सब चेहरे कंटीले हैं

न आश्रय दो किसी डाल का
विश्वास के नन्हें पंछी को
घातक पंजों को फैलाये
हर डाल पे बैठा बाज़ है...

बंजर पड़ी है उर-धरा

बंजर पड़ी है उर-धरा
नेह की बरसात कर दो
लहलहा उठेगी फिर से
सींच दो, आबाद कर दो

मन मेरा मयूर बन
झूम उठेगा इस क़दर
बन घटा घनघोर तुम
श्रावणी आग़ाज़ कर दो

भाव सिमट कर रह गए
जैसे कूप-मंडूक हों
टर्र टर्रायेंगे वो खुलकर
प्रेम की बौछार कर दो

गुनगुना उठेंगे झींगर
दिल के कोने-कोने से
दिल पर जो इक बार तुम
इंद्रधनुषी हाथ रख दो

मोती-सम सहेज लेगा
स्नेह की हर बूँद को
सीपी-सा है मन मेरा,
फ़ुहार-ए-जज़्बात कर दो...

दूल्हा सावन, धरती दुल्हन

देखो सावन धरती को, दुल्हन बनाने आया है
कितनी प्यारी धानी-सी, चुनर उड़ाने लाया है

मेघ-अश्व पर हो आरूढ़, सावन सुकुमार चला
गले में धारण है किये, सतरंगी इंद्रधनुष माला

इन्द्र भी बलिहारी जाएँ, सावन जैसे लाल पर
बदनज़र न लगे, घटा-चिन्ह लगाया गाल पर

दमक रही है दामिनी, भ्राता की शादी में आज
चमचम चोली पहनके, गिरायेगी दिलों पर गाज़

राधा-कृष्ण, गौरी-शंकर, पधारे हैं बाराती बनकर
स्वागत हित हैं खड़े, घराती सारे घर के दर पर

सोंधी-सा माटी का उबटन, धरा ने अंग लगाया है
मेघ-कलश लेकर रति ने, जलाभिषेक कराया है

खेतों व खलिहानों ने, जी भरकर इसे सजाया है
पुष्प-गजरों से धरनि का, अंग अंग महकाया है

संगीत संध्या है रखी, कोकिल व दादुर ने आज
मयूर हुए मस्त बाबरे, तोड़कर घुँघरू नाचे आज

पड़ा हुआ है झूला देखो, अवनि से लेकर अम्बर तक
सावन संग धरा झूलेगी, जाएगी वो आज फलक तक...

तन्हाई

तुम और बातें तुम्हारी, याद आयीं कल बहुत
हम और बाँहें हमारी, छटपटायीं कल बहुत।

लम्हें जो बीते साथ में, वो याद आये इस कदर
तन्हाई में आँखें हमारी, डबडबायीं कल बहुत।

कोशिशें तमाम कीं, पर बेचैनियाँ बढ़ती गयीं
मेरे दिल की धड़कनें, तेजी में आयीं कल बहुत।

सर सहलाया था कभी, जो तुमने बड़े ही प्यार से
सर पे थिरकती उंगलियाँ, याद आयीं कल बहुत।

पल भर को तो ऐसा लगा, कि आप हैं करीब ही
तन्हाई और पायल हमारी, छनछनाई कल बहुत।

बेवफाई

पहले तो मदहोश थे हम प्यार में तेरे
अब बेवफाई ने तेरी पागल बना दिया
बहने को था आँख से अश्क़ का दरिया
उसे थामने के वास्ते काजल लगा लिया

क्यूँ छीन लीं हमसे नज़दीकियाँ अपनी
क्या हो गयीं हमसे गुस्ताखियाँ इतनी
हमारी हर सुबह का आगाज़ था तुमसे
तुमने हमें पल में गुजरा कल बना दिया
बहने को था आँख से अश्क़ का दरिया
उसे थामने के वास्ते काजल लगा लिया

दोनों के दिल में खिले थे फूल चाह के
दोनों चले थे साथ इस पथरीली राह पे
पलकों पे बैठाया हमने तुम्हें सारे रास्ते
ये खूब रही, तुमने हमें पैदल चला दिया
बहने को था आँख से अश्क़ का दरिया
उसे थामने के वास्ते काजल लगा लिया

सारे जहाँ के दर्द मेरे दिल में सिमट गए
ग़म के जितने नाग थे मुझसे लिपट गए
प्यार तो तेरा हमें कुछ भी न बना सका
पर बेवफाई ने तुम्हारी संदल बना दिया
बहने को था आँख से अश्क़ का दरिया
उसे थामने के वास्ते काजल लगा लिया...

हिचकियाँ

बहुत दिन हुए हमें सता रही थीं हिचकियाँ
लाख यत्न किए पर थमी नहीं थीं हिचकियाँ

घबराहट में तुमसे हम मिलने जो चले आये
पास तुम्हारे आते ही थमीं अचानक हिचकियाँ

राज़ ए मुहब्बत खोलती आयी हैं सबकी चूड़ियाँ
पर भेद मेरा खुल गया बोल पड़ी जो हिचकियाँ

पूछा किये सभी हमसे याद तुझे किसने किया
हमसे पहले नाम तुम्हारा गुनगुनादी हिचकियाँ

भूल न गया हो तुम्हारा दिल हमारे प्यार को
डरते हैं हम दिनों तक जो न आती हिचकियाँ

हिचकियों में अग़र हमारी दर्द न होता तेरा
पास तेरे होने पर भी हमको आतीं हिचकियाँ...

बर्बादी का समारोह

बर्बादी के एक समारोह का
इनविटेशन कार्ड पाया हमने
नाटक प्रेम का किया उसने
ग़म का अवार्ड पाया हमने

यूँ तो लव कम्पटीशन में
परफॉर्म किया हमने अच्छा
अप्रोच थी उसकी जज तक
सो न्याय हार्ड पाया हमने

कुछ लम्हें बैठाकर हमें
दिल के प्राइवेट रूम में
यह डिक्लेअर किया उसने
तुम्हें जनरल वार्ड दिया हमने

प्यार किया था क्राइम नहीं
क्यूँ उम्रकैद हुई दिल को
प्यार में ये कैसा इंसाफ
माय लार्ड पाया हमने...

इकतरफा चाहत होती

जो प्यार तेरा न पाते... इकतरफा चाहत होती
रूठी नहीं होतीं नींदें... दिल को भी राहत होती
तस्वीर के आगे तेरी... स्नेह दीप जलाया करते
न गिले न शिक़वे होते... एकमात्र इबादत होती
रूठी नहीं होतीं नींदें... दिल को भी राहत होती

पर प्यार जताया तुमने... इसलिए गिला करते हैं
ज़ख़्म दिए हैं तुमने ... जो गैरों से मिला करते हैं
अग़र मिटाना ही था... एक बार कह दिया होता
हम जीते जी मिट जाते... अगर इज़ाज़त होती
रूठी नहीं होतीं नींदें... दिल को भी राहत होती

हम कहते तुझे सितमगर... तेरे सितम ढाने पर
तुम मग़रूर हमें कहते हो... गुस्सा दिखलाने पर
अपने मन से ठहरा लो... हमें दोषी तुम जितना
हम हर हाल में जीते होते... अगर वकालत होती
रूठी नहीं होतीं नींदें... दिल को भी राहत होती...

नज़र अंदाज़

फेर लेंगे नज़रें इस तरह दीवार ओ' दर से
वाकिफ़ न थे जैसे कभी हम आपके घर से
हो जायेंगे हम ज़िन्दगी से दूर रफ़्ता-रफ़्ता
वो गली ही छोड़ देंगे गुजरोगे तुम जिधर से

आते थे हम घर तुम्हारे दीदार की खातिर
हर सितम सहते थे हम बस प्यार की खातिर
कई बार हुए बे-आबरु महफ़िल में आपकी
इस बार तो मगर पानी उतर गया सर से

नज़र अंदाज़ किया हमको ये सोचके रोओगे
सपनों में सतायेंगे जब कभी चैन से सोओगे
आसान नहीं होता है यूँ चाहत को भुला पाना
तरसोगे यक़ीनन तुम जिस तरह से हम तरसे

बख़्शी है तुमने आँखों को सौग़ात अश्क़ों की
गुजरती है मेरे इन गालों से बारात अश्क़ों की
ढलते अश्क़ों का कहीं अफ़साना न बन जाये
हँस पड़ते हैं हम बस इसी रुसवाई के डर से...

बेवफ़ा को दुआ

छीनी है ख़ुशी जिसने मेरी
खुशियाँ उसे हज़ार मिलें
बेक़रार किया है जिसने मुझे
हर पल उसे करार मिले

हम याद में उसकी जी लेंगे
बर्बाद किया है जिसने हमें
ख़्वाहिश है दिल की बस इतनी
उनको कोई वफ़ादार मिले

फूल हूँ मैं एक बदकिस्मत
खिला और मुरझा भी गया
ऐ ख़ुदा इल्तज़ा है मेरी
उन्हें हर पल नयी बहार मिले

ग़ैरों की अब क्या कहिये
जब ज़ख़्म दिए हैं अपनों ने
आश में अब भी जीते हैं
शायद कभी उनका प्यार मिले...

दाँतों का दस्तूर

कल शाम एक दाँत मेरा
मुँह से अचानक गिर पड़ा

मैं था कुछ डरा हुआ
मन था मेरा बुझा हुआ

अगर मम्मा ने देख लिया
पूछेगी दाँत कहाँ गया

अचानक से आया एक विचार
फेवीक्विक से जोड़ दे यार

फेवीक्विक जो चिपकाया दाँत पर
दाँत चिपक गया हाथ पर

हारकर झक मारकर
गया मम्मा के पास

करनी होगी मुझे आपसे
बात आज एक खास

कान पकड़ कहने लगा
जानकर तोड़ा नहीं

कोशिश तो की बहुत
पर नालायक जुड़ा नहीं

मम्मा ने देखा दाँत तो
हँसकर गले लगा लिया

मेरी इस नादानी ने
पाठ एक सिखा दिया

माँ बोली तेरा कसूर नहीं
दाँतों का है दस्तूर यही

टूटेंगे जब ये दूध के
तो आएँगे मजबूत से...

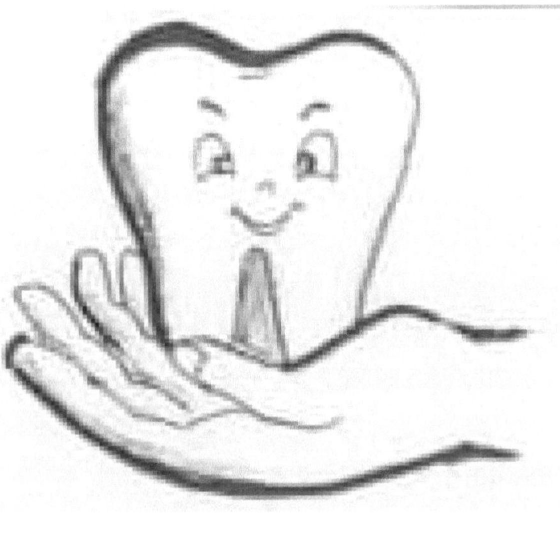

दीपावली की शुभकामनायें

दी -- दीपक ने धूम मचाई
पा -- पावन बेला है आयी
व -- वन से लौटे हैं रघुराई
ली -- ली मौसम ने अंगड़ाई

की -- कीर्तन कर लो मेरे भाई

हा -- हाथी घोड़ा और सिपाही
र -- रघुवर की कर रहे अगुवाई
दि -- दिन आया है बड़ा सुहाना
क -- करो जी भर आज नचाई

शु -- शुभ घड़ी आज है आई
भ -- भर भर बाँटो सब मिठाई
का-- कालिमा मिटाओ दिल की
म -- मन से दो सबको बधाई
ना -- नाचो झूमो मिलकर भाई...

सोन पापड़ी की आत्म-व्यथा

हल्दीराम दादा ने... मुझ पर सोना खूब चढ़ाया
देते समय विदाई... बिकानों का दिल भर आया

नमकीन और रसगुल्लों का... देकर खूब दहेज़
कितने खुश थे दादा... मुझको साथ आपके भेज

दहेज़ को गले लगाया... पर मुझे काहे धिक्कारा
मैं आयी थी तेरे घर पर... तूने औरों को दे मारा

कल थी मैं और किसी की... आज बनी तुम्हारी
मालूम मुझे है कल... किसी और की होगी बारी

क्या कमी है मुझमें... एक बार तो मुझे बताओ
घूँघट मेरा सरका कर... मुझे ऐसे मत ठुकराओ

देख अदा कैडबरी की... मति गयी तुम्हारी मारी
जब छोड़ेगी ये साथ... तब खोलेगे तुम अलमारी

उसके भीतर शायद मैं ... आहें लेती मिल जाऊँ
सोचेगे तब तुम... चलो इससे ही दिल बहलाऊँ

और मैं अपना अपमान... जाऊँगी पल में भूल
पाकर बिछड़ा प्यार ... तेरे मुँह में जाऊँगी घुल...

कोरोना को बद्दुआएँ

ओ कोरोना हत्यारे... हर ख़ुशी तेरी छिन जाए
जन्म दिवस से पहले... तेरी मौत तुझे ले जाए

निकट आ रहा जैसे-जैसे... जनम दिन तुम्हारा
हृदय हो रहा वैसे-वैसे... अतिशय खिन्न हमारा

जन्म दिवस पर तेरे... हम सब देंगे बद् दुआएँ
तुझे पैदा करने वाले भी... साथ तेरे मर जाएँ

क्यूँ आया तू धरती पर... तुझे ऐसी क्या पड़ी थी
मानव के जीवन में ये... कैसी मनहूस घड़ी थी

न जश्न मना पाए तू... तुझे लाखों बिच्छू काटें
तड़प-तड़प कर मर तू... हम घर घर मीठा बाँटे

सामने जो तू आए ... काली हिट छिड़कके मारूँ
चप्पल से पल भर में... तुझे मौत के घाट उतारूँ

या गला दबा दूँ तेरा... या तुझे पंखे से लटका दूँ
या काटूँ तेरी मुण्डी... और चौराहे पर टंगवा दूँ

क्यूँ छुपकर वार करे तू.. मार मैदान में आकर
हिम्मत नहीं है तो फिर... डूब जा चुल्लू में जाकर...

आइना

अक्स दिखा मुझे तेरा, देखा जो मैंने आईना
क्यूँ हुआ, कैसे हुआ, ये बात समझ में आई न

जुल्फों में मिला तू उलझा सा
नयनों में दिखा बन सपना सा
अधरों से करता पान दिखा
रुखसार पे बन निशान दिखा

शरमा गयी, सकुचा गयी, देखा जो मैंने आईना
क्यूँ हुआ, कैसे हुआ, ये बात समझ में आई न

काँधे पे दिखा तेरा चेहरा
गर्दन पर बाँहों का पहरा
जितना खोजा खुद को मैंने
उतना तूने मुझको घेरा

रंग में तेरे रंग गयी मैं, जता रहा था आईना
क्यूँ हुआ, कैसे हुआ, ये बात समझ में आई न

माथे पे सजा बिंदी बनकर
आँखों में बसा कजरा बनकर
अधरों की लाली बन बैठा
सर पर चढ़ा गजरा बनकर

तू ही नज़र आये मुझे, जब भी देखूँ मैं आईना
क्यूँ हुआ, कैसे हुआ, ये बात समझ में आई न...

मेरे अश़आर

लाख घेरे हों हमें उदासियों के साये
तुम जो प्यार से देखोगे सँवर जायेंगे

रूठे अगर ज़माना तो हँसके सह लेंगे
तेरी नज़र से ग़र उतरे तो मर जायेंगे

ज़माना हुआ ख़फ़ा पहलू में तेरे आ बैठे
तुम जो रूठ गए तो हम किधर जाएँगे

कहते हैं आशिकों को शर्म से परहेज़ है
लाख मना कर ले तू हम तेरे घर आएँगे

आये हैं हम जग में तेरी वंदगी के वास्ते
चाहत की कायम मिसाल करके जाएँगे

हर साँस टूटेगी तेरा नाम ले लेकर सनम
बाद जाने के मेरे अश़आर तुझे तड़पायेंगे...

मन-पथिक

मन-पथिक ! तू रुक तनिक
कभी तो डाल पड़ाव रे
तू चलता रहता है हरदम
क्यूँ थकते नहीं तेरे पाँव रे

मन-पथिक ! तू बता तनिक
तू इत-उत क्यूँ भटकता है
चहुँ ओर तू माया-ठगिनी के
बाबरा बन क्यूँ मटकता है

मन-पथिक ! तू सुन तनिक
उतार कांधे से पोटली
रोटी खाले हरि-नाम की
राम-रस की पी ले बोतली

मन-पथिक ! रस पी तनिक
हो जा नशे में चूर तू
मंजिल करीब आ जाएगी
हो चाहे कितनी दूर तू..

अधिकार

कुरुक्षेत्र की मिट्टी लाल हुई
अधिकारों की लड़ाई में
भूमि के टुकड़े की खातिर
हुआ युद्ध भाई और भाई में

हक़ किसी का छिनता देख
न चैन प्रभु को आता है
अधिकार दिलाने की खातिर
वो सारथी तक बन जाता है

बाली ने भी तो भाई का
अधिकार ही छीना था उससे
खुद जान से हाथ गँवा बैठा
क्या आया बता उसके हिस्से

ओ' मिचमिची आँखों वाले
तू फेर ले नज़रें भारत से
हम नामो निशां मिटा देंगे
तू काँप हमारी ताक़त से

आग उगलता ड्रैगन तू
लपटों से हमें डराता है

जो पल में डाले फाड़ तुझे
उस टाइगर को उकसाता है

घुसपैठि सेंध लगाकर तू
फिर सीमा में घुस आया है
हमारी अधिकृत भूमि पर
क्यूँ दिल तेरा ललचाया है

ख़बरदार जो कभी तूने
लद्दाख की ओर निहारा तो
तिब्बत को भी मिटा देंगे
यदि तेरा बना सहारा वो

सड़क बना दी हमने तो
तू चिंग-पौं चिंग-पौं करता है
अधिकार की हमने बात करी
तो पत्थरबाजी करता है

लद्दाख हमारा हिस्सा है
इस पर अधिकार हमारा है
हिम्मत है तो छीन ले आकर
आ, हमने तुझे ललकारा है...

टोडलर्स

कुछ फूल रंग बिरंगे, मेरे गुलशन में महके
किसी और डाल के पंछी, मेरे आँगन में चहके

धन्य हुई है आँखें, देखकर रूप अलबेले
बाँहें भी धन्य हुई हैं, जिन बाँहों में वो खेले

हर एक बोल में उनके, फूटें हैं तरन्नुम ऐसे
अनगिनत तार वीणा के, छेड़ दिए हों जैसे

कैसे भुला पाएँगे, हम उनकी तुतली बोली
दोनों जहाँ की मिश्री, जिसने कानों में घोली

ग़र मान लें कहना, कह देते तुम हो अच्ची
जो जिद पूरी न करते, कह देते तुमचे कत्ति

गुब्बारे जैसा गुस्सा, दिल को धड़काया करता
उनके गुस्से पर हमको, प्यार आ जाया करता

हम झूठ मूठ में कहते, हम पे चूरन की गोली
उसी को मिल जाएगी, जिसने मुट्ठी है खोली

वो ख़ुशी से दौड़े आते, गुस्सा बस्ते में रखकर
जो खाली मुट्ठी पाते, रो पड़ते सुबक सुबक कर

हम उनकी आँख के आँसू, पलकों पे संजोया करते
जिस तरह से निर्मल मोती, माला में पिरोया करते

फिर एक्टिविटी के जरिये, मन बहलाया करते
जो भी जुबां से कहते, वही काम कराया करते

दो आढी टेढ़ी रेखा, खींचकर थक जाते वो
गेम कराओ कुछ भी, तो दौड़े चले आते वो

कभी क्ले को लेकर, चिड़िया या साँप बनाते
बैट हाथ में लेकर, कभी तेंदुलकर बन जाते

झूले से नहीं उतरते, एक बार जो चढ़ जाते वो
जितना हम उन्हें मनाते, उतना ही अढ़ जाते वो

कलरिंग अगर कराओ, तो चेहरे पे किया करते थे
क्रेयॉन के छोटे टुकड़े, उनके मुँह में मिला करते थे

एक के ऊपर एक, ऐसे ब्लॉक्स को रखते जाते
मानो वो इनके ज़रिये, आसमाँ को छूना चाहते

कभी हाथ में लेकर डंडा, कुछ इस तरह घुमाते
मानो वो हमारे टीचर, और हम बच्चे बन जाते

मासूमियत पर उनकी, हमें प्यार आजाया करता
उनकी खुशियों में दिल ये, त्यौहार मनाया करता

लॉक डाउन में उनके बिन, तरस रहे हैं झूले
मानो पूछ रहे हों वो, बच्चे क्यूँ हमको भूले

गुमसुम सा पड़ा फर्नीचर, सुबक रहीं दीवारें
अलमारी से खेल-खिलौने, किसके लिए उतारें

फिश पौंड में तैरती मछली, ताक रहीं हैं ऐसे
मानो उन्हें ढूँढ रहीं हों, वो झाँक रहीं हैं ऐसे

व्हाइटबोर्ड कह रहे हैं, हम पर मार्कर चलवा दो
उन नन्हें हाथों द्वारा, फिर से हमको सजवा दो

हे ईश्वर ! अब दुनिया से तुम, कोरोना भगवा दो
फिर से ये गुलशन बच्चों की खुशबू से महका दो...

धर्म

हिन्दू, मुस्लिम, सिख, ईसाई
कोविड ने है जान सुखाई
उसने किसी से धर्म न पूछा
तू मुस्लिम है या हिन्दू भाई

जिसको चाहा मारा झटका
हर किसी के गले में अटका
बिन पूछे ही धर्म किसी का
आइसोलेशन में जा पटका

अगर वैक्सीन बनेगी इसकी
क्या धर्मानुसार बनेगी
क्या हिन्दू को भगवा देकर
मुस्लिम को क्या हरी मिलेगी

भगवे और हरे का अंतर
तुमने इंसान बनाया है
ईश्वर ने तो सबके अंदर
लाल ही रक्त बहाया है

आपदा हो या हो महामारी
धर्म न आड़े आया है
सबके साथ एक सा डंडा
भगवान हाँकता आया है...

चाहत

क्या तुम्हें हमसे मुहब्बत है? सवाल बड़ा फिज़ूली है
प्यार तो चाहने वाले की, आँखों से बयाँ हो जाता है

दुनिया उस भगवान को, नाहक ही तलाशा करती है
चाहने वाले की नजरों में, दिलदार ख़ुदा हो जाता है

जी भरकर गाली दे हमें, कोई ग़ैर नहीं तू अपना है
कोसा हुआ भी अपनों का, अकसर दुआ हो जाता है

वेबजह यूँ रूठ जाने की, तालीम कहाँ से पायी है
कारण नहीं होता कोई, और तू ख़फ़ा हो जाता है

हर अंदाज़ तेरा है जुदा, देकर हमें तू ज़ख्म कई
हाले दिल जो पूछ लेता है, तो दर्द दवा हो जाता है...

शायरियाँ

बता रही हैं हमें तेरे बिस्तर की सिलवटें
रात भर तूने भी यार बदलीं हैं करवटें
करके हमारा क़त्ल तू रोया है रात भर
तकिये से आ रही हैं सिसकियों की आहटें...

***

तलबग़ार हैं निगाहें तुम्हारे दीदार की
कर लो कुछ क़द्र हमारे भी प्यार की
मुखड़े से हटा लो ये मास्क एक बार
अधरों से पिला दो हमें मदिरा प्यार की...

***

ए खुदा, दे दे हमें परेशानियाँ उनकी
देखी नहीं जाती हमसे उदासियाँ उनकी
कर दे चाहे हमें महरूम हर ख़ुशी से
पर ग़म से दूर रखना परछाईयाँ उनकी...

***

न जाने नाम में तेरे किस बला की ताक़त है
ले लूँ तो राहत है और न लूँ तो क़यामत है
अपने दस्तख़त में भी तेरा ही नाम पाती हूँ
उँगलियों को बस यही लिखने की आदत है...

***

हे करुणानिधान ! इस सावन में
करुणा की बारिश कर दो तुम
हे हरि हर ! हर हर महादेव
करोना वायरस को हर लो तुम...

***

www.ingramcontent.com/pod-product-compliance
Ingram Content Group UK Ltd.
Pitfield, Milton Keynes, MK11 3LW, UK
UKHW040037200726
13845UKWH00054B/464

9 789390 539222